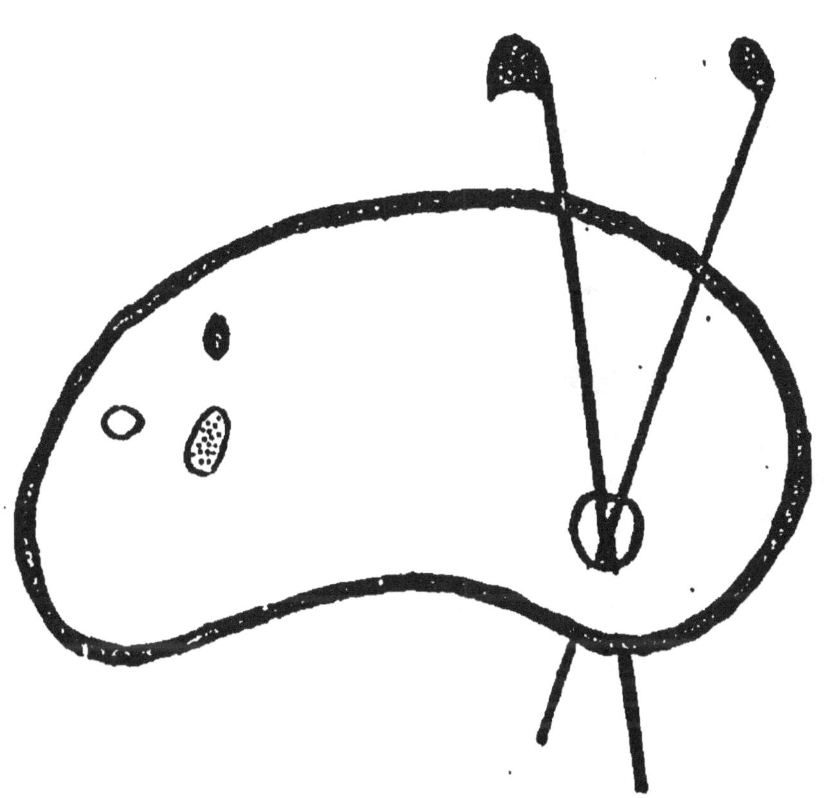

DEBUT D'UNE SERIE DE DOCUMENTS
EN COULEUR

NIEDERBRONN

LES BAINS

(ALSACE)

ET SES ENVIRONS

PAR LE

Docteur C. KUHN (d'Elbeuf)

Membre Correspondant

de la Société d'Hydrologie Médicale de Paris

(3ᵉ Édition)

LIBRAIRIE **BERGER-LEVRAULT & Cⁱᵉ**

PARIS	NANCY
5, rue des Beaux-Arts (VIᵉ)	18, rue des Glacis

1905

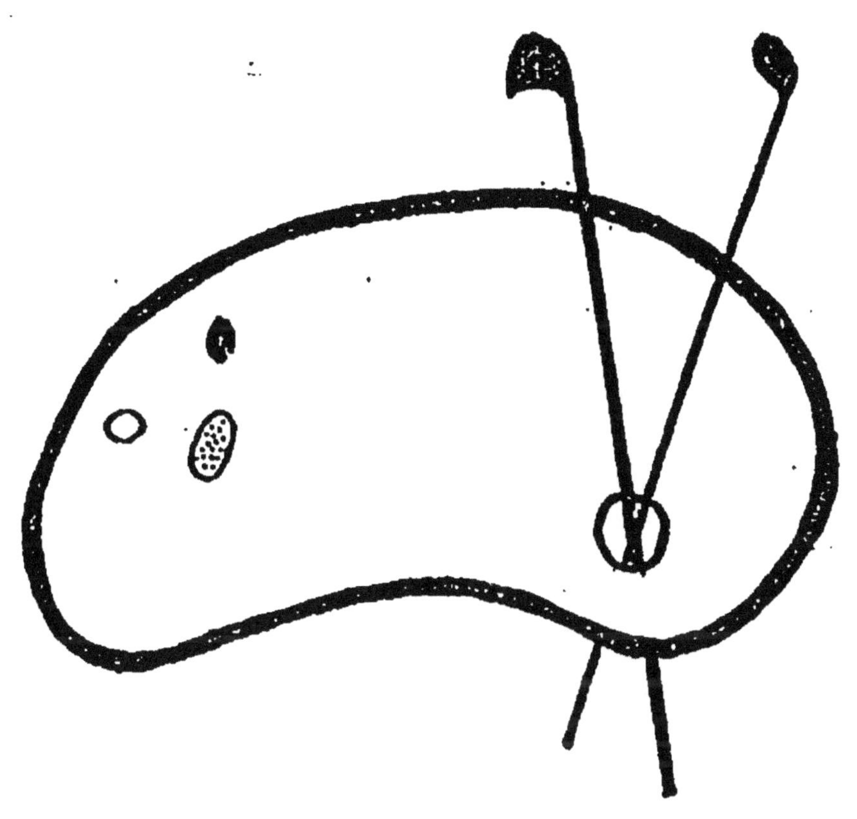

FIN D'UNE SERIE DE DOCUMENTS
EN COULEUR

NIEDERBRONN-LÈS-BAINS

(ALSACE)

ET SES ENVIRONS

PAR LE

Docteur C. KUHN (d'Elbeuf)

Membre Correspondant

de la Société d'Hydrologie Médicale de Paris

—⚬⚬✸⚬⚬—

(3ᵉ Edition)

ELBEUF

IMPRIMERIE CREPEL, RUE SAINT-JEAN, 21

—

1905

NIEDERBRONN-LÈS-BAINS

(ALSACE)

ET SES ENVIRONS

PAR LE

DOCTEUR C. KUHN (D'ELBEUF)

Membre Correspondant

de la Société d'Hydrologie Médicale de Paris

(3ᵉ Edition)

Vers l'Alsace telle est la devise que vient de prendre à Paris, une Société de nouvelle formation. M. Poincaré, sénateur de la Meuse en est le président d'honneur, M. Albert Carré, directeur de l'Opéra-Comique, né à Strasbourg, le vice-président. On y remarque des industriels, des savants, des hommes politiques, M. Siegfried par exemple. Citons encore Mᵐᵉ la comtesse de Pourtalès, le Touring-Club et la maison Hachette qui donnent à l'œuvre leur patronage. Le secrétaire général est M. Masson Forestier.

Cette Société se propose de donner des renseignements sur les Vosges, en particulier sur Niederbronn, une des perles de la région, et de faire de la publicité en vue d'amener un plus grand nombre de visiteurs dans ses montagnes si délaissées des touristes.

La ville de Niederbronn, de son côté vient d'entrer dans une nouvelle voie, en cédant à une compagnie fermière ses sources, ses établissements, ses promenades.

Espérons que ces deux éléments de succès donneront une vie nouvelle à cette station, en ramenant les beaux jours d'antan !

Nous allons aujourd'hui donner notre faible appui à cette tentative de relèvement en publiant une nouvelle édition de notre guide, en même temps qu'une espèce de supplément à l'ouvrage de notre père. Parue en 1860, la dernière édition du livre du Docteur Kuhn (que l'on peut se procurer à la librairie Arnheiter à Niederbronn, l'édition de la librairie Masson de Paris étant épuisée) est jusqu'à ce jour, l'œuvre la plus complète que nous possédions sur ces thermes. Ce livre est pour ainsi dire classique, et souvent consulté par les visiteurs.

Nous avons pensé devoir mentionner les changements opérés à Niederbronn depuis une trentaine d'années, — citer les principaux ouvrages parus depuis cette époque, mettre le chapitre des maladies à traiter à la hauteur de la science moderne, tout en ne touchant pas à la partie hygiénique si bien traitée dans l'œuvre paternelle.

La dernière guerre, comme l'on sait, n'a pas été favorable à la prospérité de notre ville d'eaux. Et ceci tient surtout à ce qu'elle était en majeure partie fréquentée par les Français, et que ceux-ci, après 1870 ne se sont plus souciés de passer la frontière. L'obligation de la présentation d'un passeport à l'entrée en Allemagne a également été, au moins pendant quelques années, le motif de la moindre fréquentation de notre station. Nous disons que Niederbronn était principalement fréquenté par les Français : d'un relevé des visiteurs de 1868, il résulte que sur 2.421 étrangers, 2.335 étaient d'anciens compatriotes et 75 seulement venaient d'autres pays. Le Bas-Rhin avait fourni 918 visiteurs, le Haut-Rhin 320, Paris 294, La Meurthe 248, la Moselle 146, les Vosges 109, la Marne 46, etc.

Depuis la guerre les principaux ouvrages parus sur Niederbronn sont :

1° *Bad Niederbronn*, du Docteur Meyer, 1893, brochure de 10 pages ;

2° *Das Wasganbad Niederbronn*, 1885, 45 pages, de Kirstein ;

3° *Niederbronn et ses Environs*, par Ch. Matthis, 1887, 45 pages ;

4° *Bad Niederbronn im Elsass*, du Docteur Biedert, 1891;

5° *Ans Niederbronn alten Zeilen*, Ch. Matthis, Strasbourg, 1901 ;

6° Du même. *Der letzte der Lictenberger und die schöne Bärbel*, Strasbourg, 1902 ;

7° Du même. Guides en Français, en Allemand, en Anglais ;

8° Du même. Carte coloriée, 1902 avec les armoiries des familles nobles qui ont habité nos châteaux, actuellement en ruines ;

9° Parmi les Manuels, citons le *Formulaire de Gilbert et Yvon*, Paris, 1897, adressé à tous les médecins Français. Niederbronn y est recommandé dans les paralysies d'origine cérébrale, dans les cas d'eczémas et dans les engorgements chroniques de l'utérus et de son col.

10° *Voyage aux Châteaux historiques de la Chaîne des Vosges*, de Henri Garnier et Jules Froelich, 1889, Nancy, Berger Levrault.

Voici d'autre part les changements que nous avons constatés depuis une trentaine d'années :

1° Reconstruction du Waux hall : rez-de-chaussée aménagé en promenoir couvert pouvant être fermé et chauffé avec salon de lecture, bascule et fresques représentant soit des châteaux du moyen-âge, soit certains épisodes se rattachant à leur histoire (légende de Cunon de Durckheim à Schoeneck, le Wasenstein témoin d'une des scènes de l'épopée des Nibelungen, J. de Lichtenberg partant pour la chasse au faucon en compagnie de sa maitresse, le château de Fleckenstein le plus considérable de tous ceux de la contrée ;

2° Acquisition par M. Frey, maire actuel et membre du Landesanschuss d'Alsace-Lorraine, du moulin Heller, remplacé par un petit établissement hydrothérapique. Ce côté de la promenade a beaucoup gagné depuis cette époque ;

3° Continuation de la promenade de la Neumatt par l'ouverture de l'allée des Tilleuls ce qui permet au promeneur de gagner la montagne constamment sous bois ;

4° Musée archéologique, place de la Promenade ;

5° Bibliothèque municipale à la Mairie avec un grand nombre d'ouvrages Français et Allemands, à la disposition des étrangers ;

6° Etablissement d'un lawn-tennis au bas du Herrenberg ;

7° Construction de la maison forestière du Heydenkopf à proximité de la ville avec restaurant (plats froids) ;

8° Chemin d'accès facile pour gagner la ruine de Wasenbourg ;

9° Eclairage électrique ;

10° Distribution d'eau de source dans toutes les maisons et jet d'eau sur la Promenade ;

11° Construction et réparation d'églises ;

12° Création de nouveaux hôtels (Matthis, Bellevue, Weissler, Hirtz).

13° Douches d'eau de la montagne dans l'hôtel Doersch Klippfel ; douches d'eau minérale à l'hôtel Matthis ; bains et douches d'eau minérale et d'eau de la Durstbach à l'hôtel Weissler ; bains chauds à l'hôtel Bellevue, douches à l'eau du grès Vosgien au Lion d'Or.

Déclaration d'utilité publique de la source minérale. — Cette déclaration nous semble inutile, et ne peut être d'aucun avantage pour notre station. Fréquentée comme ville d'eaux depuis des siècles et en rapport avec tous les gouvernements, ceux-ci ayant tous fourni des allocations destinées à subvenir à ses besoins, cette déclaration nous semble superflue. Ce n'est pas comme s'il s'agissait d'exploiter une source jusqu'ici inutilisée comme celle de Ranschendwasser, ou bien de créer un établissement de bains comme celui que l'on se propose de fonder à Norsbronn.

Périmètre de protection. — Il n'en est pas de même du périmètre de protection. Une loi française promulguée en 1856 en a établi les conditions, en fixant à mille mètres les droits du propriétaire des sources, mais aussi en instituant une taxe pour l'obtention de ce droit. Parmi les établissements minéro-thermaux les uns ont demandé cette protection, d'autres sont restés dans le statu quo antérieur à la promulgation de la loi.

Sous l'Empire cette question avait été agitée à Niederbronn même. L'ingénieur en chef des mines du département consulté, avait répondu qu'il n'y avait pas urgence, parce qu'à moins qu'on ne se livrât à des fouilles profondes dans les environs immédiats de la source, on n'avait nullement à craindre un moindre débit de celle-ci.

Mais depuis cette époque la question a changé de face. Depuis que l'on se met à trépaner le sol dans le canton de Wœrth à la recherche du pétrole, et que, par hasard, on tombe sur une source d'eau salée chaude comme à Morsbronn (700 mètres de profondeur), il importe d'obtenir ce droit de protection pour qu'une Société rivale ne vienne pas tarir notre source. A mon idée c'est une question vitale pour Niederbronn.

Arrivée à Niederbronn. — La ville est située sur le réseau de la ligne ferrée qui relie Strasbourg à Metz : elle est donc en communication avec tous les chemins de l'Europe. Le trajet de Paris à Niederbronn, se fait en 10 heures ¼. Pour les heures des départs et des arrivées des trains consulter les indicateurs des chemins de fer. On se rappellera qu'en Alsace on a adopté l'heure de l'Europe centrale, en avance de 55 minutes sur l'heure de Paris.

Logements. — L'étranger a toutes facilités pour se loger, et selon ses goûts il aura le choix entre les hôtels qui avoisinent les sources minérales et le kiosque des musiciens (Villa Frey, hôtels Matthis, Chaine, Vœgelé, Schimpf) l'hôtel Doersch Klippfel (bonne cuisine) un peu plus éloigné dans le quartier de la nouvelle avenue, non loin de l'église catholique, de la charmante promenade du Herrenberg et du lawn-tennis. L'hôtel Bellevue dans le voisinage de la montagne sera préféré par celui qui aime le calme, et tient à respirer le matin l'air pur des bois. La grande rue, c'est-à-dire le quartier commerçant et animé de la ville, nous offre les hôtels Weissler, du Lion d'or, les maisons Merckling et Sorg, la villa Hirtz.

Les propriétaires de toutes les maisons meublées sont d'origine alsacienne ; il n'y a pas de garnison à Niederbronn, presque tout le monde y parle le français, les fumeurs y trouveront le tabac de notre régie pas plus cher qu'en France. La monnaie de notre pays y a cours, et pour l'argent allemand se rappeler qu'un pfennig vaut un centime et un mark 1 franc 25. L'argent allemand n'étant pas monnaie courante en France, on changera aux gares frontières contre de la monnaie française celle qu'on n'aurait pas dépensé dans le pays.

Ville de Niederbronn. — Située à l'entrée d'une vallée qui met l'Alsace en communication avec la Lorraine, vers l'extrémité septentrionale du ci-devant département du Bas-Rhin, la ville est à 21 kilomètres de Haguenau, 46 de Strasbourg, 128 de Metz, à quelques lieues seulement de la Bavière Rhénane. Placée au point d'entrecroisement du 48°,57' de latitude et du 5°,18' de longitude est de Paris, élevée de 192 mètres au-dessus du niveau de la mer, arrosée par le Falkenstein, la cité est assise entre deux collines, derniers contreforts des Vosges vers la plaine d'Alsace, comme enclavée entre les deux promontoires que forment ces hauteurs au nord et au sud de la localité.

Chef-lieu de canton de l'ancien arrondissement de Wissembourg, incorporé depuis 1871 au Cercle de Haguenau, Niederbronn est traversée par la route de Strasbourg à Metz et par celle d'Ingwiller à Fort-Louis. Elle comprend dans sa circonscription Jaegerthal (la partie située sur la rive droite du ruisseau) Ranschend-wasser, la ferme du Riesacker et le hameau de Wasenberg.

La population de Niederbronn dans l'espace de 150 ans a plus que décuplé. En 1720 on ne comptait que 300 habitants ; en 1846, 3071 ; en 1866, 3301. En 1846 la population agglomérée se chiffrait par 2710 âmes ; les hameaux et les forges par 361.

La banlieue de Niederbronn a une superficie de 3103 hectares dont : 645 de terres labourables, 168 de prés, (63 hectares de prés et de terres sont communaux), 22 de vignes, 12 de jardins, 13 de vergers, 2176 de bois (la moitié à la ville, l'autre moitié à l'Etat et aux particuliers), 3 hectares de terres vagues et carrières, 6 d'étangs, 11 de maisons, 44 de routes, chemins, rivières, ruisseaux.

Bureau de poste, télégraphe, téléphone ; caisse d'épargne ; église catholique dédiée à St-Martin en style roman, chapelle du couvent ouverte en été seulement ; temple protestant (église de la Confession d'Augsbourg) au centre de la ville ; synagogue en style oriental, résidence d'un ministre officiant, restaurant israélite, établissement de bains. On compte près de 300 Israélites à Nieberbronn ; en 1689 il n'y en avait pas.

Maison de Dietrich. — Grand prix à l'Exposition de Paris de 1900.

Niederbronn n'est pas seulement une ville d'eaux, elle

est encore le siége de l'administration centrale des établissements métallurgiques de la maison de Dietrich et C^le. Ces usines disséminées dans différentes localités de nos environs comprennent les forges proprement dites de Zinswiller, de Jaegerthal, de Monterhausen (Lorraine) les fonderies de Niederbronn et de Mertzwiller, l'atelier de construction de Reichshoffen, le nouvel atelier de Lunéville. Parmi ces établissements les uns, ceux de Niederbronn, de Reichshoffen, de Rauschendwasser ont été créés par le baron J. de Dietrich vers 1764 ; les autres Zinswiller et Jaegerthal achetés vers la même époque. Mentionnons aussi l'établissement de Stürtzelbronn dont les fourneaux furent éteints au XVIIIe siècle, puis ceux de Mertzwiller et de Monterhausen acquis entre les années 1835 et 1845.

Nous venons de parler de J. de Dietrich. Ce fut véritablement un homme supérieur pour lequel les habitants de la contrée devront conserver une éternelle reconnaissance. Ce fut lui en effet qui amena un bien-être relatif dans ce pays peu fertile. Par l'acquisition et la création de forges, de minières, de bois, par son travail, son zèle, son activité, de Dietrich en même temps qu'il assura la fortune à ses descendants, donna à sa famille un noble exemple à suivre. La tradition en est restée chez ses fils, ses petits-fils, ses arrière-petits-fils. Elle permet tout en donnant le pain au tiers des habitants du canton, de procurer des positions stables à ses employés et à ses ouvriers. Goethe dans le récit de son voyage en Alsace-Lorraine donne un souvenir flatteur à J. de Dietrich.

Dominique et Frédéric de Dietrich, l'un, l'arrière-grand-père et l'autre, le fils de Jean appartiennent à la même famille. Ce sont des personnages historiques dont les vies ont été contées par l'archiviste Spach. Frédéric savant minéralogiste fut le premier maire de Strasbourg. C'est chez lui que fut chantée pour la première fois la Marseillaise. Il en est fait mention dans l'histoire des Girondins de Lamartine ; le tableau de Pils au Luxembourg nous rappelle ce souvenir. Comme premier magistrat de la capitale de l'Alsace, de Dietrich dut payer de sa tête ses préférences pour la monarchie constitutionnelle.

Couvent. — Niederbronn est le berceau de la Congrégation des Filles du divin Rédempteur, plus connues sous le nom de *Sœurs de Niederbronn*. Par cette création, la fondatrice, une jeune fille de la localité, a donné un éclatant démenti au proverbe *nul n'est prophète dans son pays*. Le couvent reconnu par décret en date du 6 Novembre 1854, approuvé par l'autorité pontificale le 9 mars 1866, compte un grand nombre de succursales, tant en France qu'en Allemagne (à Paris une maison rue Bizet). Ces sœurs ont pour mission de secourir les pauvres, de soigner les malades à domicile et de s'occuper de l'éducation des orphelins. En 1870 elles ont rendu de grands services à nos blessés ; mais déjà en 1859 elles étaient installées dans les hôpitaux de Vérone, et plus tard on les a vues soigner les blessés dans la guerre serbo-bulgare.

Pour l'historique de la fondation du couvent consulter l'ouvrage du chanoine Busson intitulé l'extatique de Niderbronn, Besançon 1849.

Sur l'emplacement du couvent actuel, la famille de Saint-Clair-Linange avait fait bâtir au XVIIIe siècle une maison d'habitation qui servit temporairement de retraite entre les années 1714-1719, au roi de Pologne Stanislas.

Au milieu du Platonsgarten existait encore à la fin du XVIIIe siècle les restes d'une vieille tour sur laquelle les cigognes avaient l'habitude de nicher. Il était de tradition parmi le peuple que c'étaient là les débris d'un ancien couvent.

Un puit creusé en 1849 dans la petite cour du couvent a donné momentanément une eau sulfureuse.

Histoire. — L'histoire de Niederbronn, comme celle de l'Alsace, peut se diviser en cinq époques : celle des Celtes, celle des Romains, celle des Francs, celle des Allemands, celle des Français.

1o La présence des Celtes en Alsace nous est prouvée par les écrits de quelques auteurs latins (Tite-Live, Tacite, César) et par les monuments que ce peuple nous a laissés (tumuli, enceinte celtique).

2o Période romaine. Arioviste, chef des Suèves, appelé par les Séquaniens, bat les Eduens, 72 ans avant notre ère. Mais les Suèves oubliant qu'ils n'étaient entrés dans la Gaule que comme alliés des Séquaniens veulent subjuguer ces derniers. Les Séquaniens mécontents s'adressent à Rome pour que les Suèves à leur tour trouvent des maîtres.

César envoyé en Gaule, mit huit ans à en faire la conquête. En l'année 51 toute la Gaule était soumise.

Nombreuses antiquités de l'époque gallo-romaine à Niederbronn.

3° Période franque 406-443. Le dernier jour de l'an 406 les Suèves, les Vandales, les Alains inondent la Gaule de leurs légions. Puis en 451, c'est Attila, à la tête de 500.000 hommes qui envahit notre pays. Défait dans les plaines catalauniques entre Châlons et Troyes, il se retire pour aller mourir en Italie en 453.

Sous le règne de Charlemagne tous les établissements de bains se relèvent, et la ville Brunnon jouit de rechef d'une vogue qui ne devait pas durer.

Sépultures franques découvertes au Herrenberg en 1868. Pour leur description consulter l'article de la feuille des eaux (n° du 14 août) rédigé par Quicherat, l'éminent directeur de l'Ecole des Chartres de Paris.

4° Période allemande. En 843, partage de l'empire de Charlemagne. L'Alsace dans le lot de Lothaire fait partie de ce royaume de Lotharingie jusqu'en 995, puis en est détachée par l'empereur Othon qui la fait gouverner par des landgraves. Le système de la féodalité s'étant maintenu dans notre pays jusqu'à l'époque de notre grande révolution, malgré son incorporation à la France depuis 1648, nous donnons ci-joint la liste de ses seigneurs :

995-1330 Landgraves de la basse Alsace et Born ;

1330-1485 Ochsenstein et Lichtenberg ;

1485-1526 Deux-Ponts, Bitche, branche collatérale ;

1526-1541 — branche aînée, René ou Reinhardt ;

1541-1570 Amélie et Jacques de Deux-Ponts-Bitche :

1570-1599 Hanau Philippe V, meurt à Niederbronn le 2 juin 1590 ;

1599-1626 Hanau Jean René 1er ;

1626-1641 Hanau Philippe Wolfgang ;

1641-1685 Hanau Frédéric Casimir ;

5° Période française. — Le traité de Westphalie réunit l'Alsace à la France par la clause qui cédait le landgraviat de la basse Alsace à Louis XIV.

En 1662, le roi exemptait pendant dix ans de toutes charges, les Français et les étrangers qui désiraient s'établir en Alsace. Mais les nobles alsaciens qui soutenaient que les traités les avaient affranchis de la soumission au roi (ce à quoi contribuait pour une part les termes vagues dans lesquels certaines parties de ces traités avaient été rédigées), s'allièrent aux princes allemands, et furent en partie la cause de la destruction de nos châteaux à l'époque de la guerre de Hollande en 1672. La soumission de l'Alsace entière fut parfaite après la signature du traité de Nimègue en 1678.

Sous l'administration de Philippe V de Hanau, l'établissement de bains se relève; mais la vogue due aux travaux, au zèle, à l'activité de ce seigneur ne devait pas durer. Sous son successeur, sous Jean René, la maison de bains était louée en 1608 à Adam Jaeger, le créateur de la forge de Jaegerthal. Vint la guerre de Trente ans, les procès des Hanau contre les Linange et les ducs de Lorraine, l'appauvrissement qui devait résulter de ces luttes judiciaires entre les seigneurs, toutes ces circonstances eurent une influence désastreuse sur la prospérité de notre ville d'eaux. Il nous faut arriver à la seconde moitié du XVIIIe siècle pour revoir les beaux jours du XVIe siècle. Jean de Dietrich, seigneur de Niederbronn et autres lieux, fait agrandir la promenade centrale, construire l'ancien Waux hall et ramène petit à petit les étrangers à Niederbronn.

Avant 1789, la seigneurie de Niederbronn comprenait les deux tiers de Griesbach, la moitié de Gumbrechtshoffen, Gundershoffen, Uttenhoffen, les fermes de Riessacker et de Scheuerlenhof. La perception des dimes seigneuriales s'effectuait dans l'immeuble où se trouvent réunis de nos jours les bureaux de la maison de Dietrich. Avant sa construction, ces impôts étaient perçus dans l'ancienne maison Fichter en face l'Hôtel de la Chaîne.

Armoiries. — Niederbronn, porte d'azur, à un bassin profond dans lequel tombe une fontaine d'argent mourante de l'angle dextre de chef, dont l'eau de même s'écoule en pointe par une ouverture au bas du bassin.

Sources minérales. — Les sources sont reçues dans deux bassins de la promenade centrale désignées sous le nom de grand bassin et de petit bassin. La source principale du grand bassin très puissante, puisqu'elle fournit 200.000 litres dans les vingt-quatre heures, est isolée des autres sources à l'aide d'une pyramide en pierres de taille qui permet au liquide d'arriver pur et sans mélange jusqu'à la partie supérieure du réservoir. Au bout de peu de temps, l'eau qui était si claire lors de son émergence, devient jaunâtre ; c'est que les bicarbonates qu'elle dissout se décomposent en carbonates insolubles par le dégagement au contact de l'air d'une certaine proportion d'acide carbonique.

Composition chimique. — L'agrégat chimique, c'est-à-dire la quantité des sels de cette eau n'a pas varié depuis 150 ans. C'est ainsi qu'en 1753, Spielmann trouvait 4 grm 647 de sels ; Coligny (1760), 4,758 ; Gérard (1787), 4,936 ; Gerboin et Hecht (1810), 4,724 ; Kossmann (1849), 4,627 ; Weber (1849), 4,880 ; Wencélius en 1860, 4,706 ; Ritter en 1867, 4,843 ; les professeurs de Strasbourg en 1880, 4,750 ; le professeur Haenlé en 1904, la même quantité.

Les sels qui entrent dans la composition de l'eau peuvent se diviser en trois groupes :

1° Principe dominant, le chlorure de sodium, 3,55 ;

2° Principes secondaires : bromures de sodium, 0,01 ; carbonates de chaux et de magnésie ; carbonate de fer, 0,01 ; chlorure de calcium, 0,662 ; chlorure de magnésium, 0,245 ; chlorure de lithium, 0,027 ; sulfate de chaux ;

3° Principes en quantité minime : alumine, ammonium, arsenic, fluor, iode, manganèse, matières organiques, phosphore, potassium, silice, strontiane.

Gaz : 10 c. c. d'acide carbonique libre ; 22 c. c. d'azote, pas d'oxygène.

Acide carbonique des carbonates, 386 c.c. ;

Acide carbonique des bicarbonates, 193 c.c.

L'eau ne contient que la quantité de gaz nécessaire pour la rendre potable.

Température, légèrement thermale, en toutes saisons, 17°8 C.

Classification. — L'eau de Niederbronn est rangée dans la classe des eaux salines, se divisant elles-mêmes en sulfatées et en chlorurées. Les chlorurées se subdivisent à leur tour en chlorurées sodiques, en chlorurées calciques, en chlorurées magnésiennes, en chlorurées sulfureuses. Niederbronn de même que Wiesbaden, Hombourg, Soden, Balaruc, Kissingen, Bourbonne, Bourbon-l'Archambault est une chlorurée sodique et Uriage une chlorurée sulfureuse.

Buvette. — Elle est établie à la source même. C'est une condition essentielle pour que l'eau conserve en même temps que sa température, l'intégrité de ses éléments fixes et gazeux, et qui est loin d'exister dans toutes les stations d'eaux minérales. A Niederbronn on a adopté les verres d'un quart de litre. Les personnes qui ne voudraient pas se servir des verres communs à tous les visiteurs pourront s'en procurer à leur choix dans un des magasins du voisinage de la source. Conviendrait-il de servir les verres sur des plateaux comme nous l'avons vu pratiquer ailleurs ?

Bains. — Ils ne se donnent plus dans les chambres des malades, mais dans des cabinets spéciaux où le patient peut se servir à discrétion de l'eau chaude et de la froide. Le système des bains dans les appartements pouvait avoir quelques petits avantages comme ceux de ne pas être obligé de faire de toilette spéciale pour aller au bain et de pouvoir se coucher après. On avait signalé quelques abus dans ce mode d'emploi, sur lesquels nous ne nous étendrons pas, et le service laissait parfois à désirer. Mais le fait d'avoir à sa disposition autant d'eau qu'on le désire, compense bien le léger inconvénient d'une petite toilette à effectuer, et je ne vois pas d'empêchement à se coucher après le bain, celui-ci étant pris de bonne heure comme nous le conseillerions. Pour n'avoir pas de course trop longue à faire, on pourra choisir un hôtel qui a des cabinets de bains dans son enclos.

L'eau du bain devrait être partout chauffée au serpentin. Nous ne saurions assez recommander aux teneurs d'établissements de bains qui vont chercher l'eau aux trois puits de la promenade de ne pas se servir d'attelages grotesques pour ne rien dire de plus !

La Compagnie fermière en formation devra s'occuper de la création de piscines, d'étuves sèches et humides et aussi de l'établissement d'une douzaine de cabinets de bains de différentes classes. On nous objectera peut être, qu'en créant des cabinct... .néaires, elle fera concurrence aux hôteliers, c'est vrai ; mais ne sait-on pas aussi que la concurrence est l'âme du commerce !

Douches. — Il existe dans plusieurs hôtels des établissements de douches chaudes ou froides (à eau minérale ou à eau de la montagne). Les deux systèmes de douches sont employés à Niederbronn, la cuve placée généralement à dix mètres de hauteur et la pompe à incendie avec manomètre permettant de graduer la pression (de ½ à 1 à 1 ½ atmosphères) correspondant à une hauteur de réservoir de 5, 10, 15 mètres.

Une douche quelconque ne devra jamais être donnée sans une ordonnance du médecin, et pour plus de sûreté sans ordonnance écrite. La durée de la douche, le numéro de l'ajutage variant de 2 à 12 mm, la forme de l'embout (arrosoir grand ou petit jet plein ou brisé), température de l'eau, partie à doucher, devront être exactement spécifiés par l'homme de l'art. Et en tout cas, pour agir avec prudence, commencer par le petit arrosoir, température tiède, durée de vingt secondes pour commencer qu'on pourra porter plus tard à dix minutes si l'eau est chaude, pression moyenne, ne pas doucher la tête, commencer par les pieds. De cette façon on sera sûr de ne pas produire d'accidents, de ne pas contusionner les organes et de ne pas ébranler la moelle épinière.

Les douches écossaises et alternatives ne pourront être données que dans les établissements qui ont deux réservoirs, l'un pour l'eau chaude, l'autre pour l'eau froide. Dans les maisons bien montées on se sert d'un seul tuyau à cloison, et selon que l'on tourne la clef d'un sens ou de l'autre on a de l'eau à la température voulue.

Dépôt des sources. — Le dépôt des carbonates et autres corps dans les bassins est tel qu'il finirait à la longue par obstruer les canaux de déversement et empêcher l'écoulement du trop plein dans la rivière. Aussi est-on obligé tous les 25, 30 ans de les nettoyer. Mais ce dépôt de carbonate de chaux, de magnésie, de fer imbibé de sel marin est un puissant astringent et résolutif. Il est employé avec succès dans certaines ophthalmies rebelles et autres maladies, mais toujours avec la réserve que demande l'usage des astringents.

Tablettes des sels de l'eau minérale. — Dans notre jeune âge nous avons vu dans la pharmacie de M. Weber oncle, des tablettes de sels de Niederbronn. Confectionnées par le pharmacien lui-même, elles étaient d'un rouge foncé et contenaient chacune 50 centigrammes de sels.

Des tablettes de ce genre pourraient rendre des services comme apéritives, chez les personnes qui n'aiment pas s'ingurgiter une grande quantité d'eau.

Pulvérisation. — Nous avons employé avec succès notre eau minérale pulvérisée chez un Monsieur affecté de grosses granulations pharyngiennes de nature arthritique (appareil Siegel).

Comparaison de l'eau de Niederbronn avec d'autres eaux similaires

NOMS DES SOURCES	Température	Agrégat chimique	Acide carbonique	REMARQUES
Wiesbaden Kochbrunnen. . .	67	7	522 c. c.	pas de fer.
Cannstatt Wilhemsquelle. . .	19	5	606	
Hombourg Elisabenthenquelle.	froide	13	1449	
Rissingen Ragozi.	id.	8	2255	pas de chlorure calcique
Niederbronn	18	près de 5	10 c. c.	chlorure calcique 0,82 carbonate de fer 0,01
Châtel Guyon Gubler.	20	8	300 c. c.	
Vittel, source salée, eau sulfatée. . .	froide	2.3	80 c. c.	

Action physiologique de l'eau

VOIES DIGESTIVES : Excitation douce de l'estomac, du foie, du pancréas, des glandes intestinales ; effet laxatif dû au chlorure de magnésium (expérience Laborde) et à la masse d'eau ingérée ;

CIRCULATION : Fréquence du pouls au début, puis lenteur et mollesse ; moins de chaleur ; scorbut si l'usage en était prolongé outre mesure. Remarquons que le sang contient 3 gr. 5 de chlorure de sodium par litre, ce qui nous rend compte de l'action nutritive de l'eau au début des cures ;

PEAU : La lave mal ; la rend âpre, rugueuse, par suite de la présence du chlorure de calcium et du carbonate de fer, effet excitant ;

ORGANES GÉNITO-URINAIRES : Excitation rénale, diurèse due à la présence du chlorure de lithium ; l'eau s'élimine surtout par les reins ; on sait que l'urine contient normalement 3 gr. de sel marin par litre. L'eau élimine toutes espèces de gravelles ; précautions à prendre dans le cas où l'excrétion de l'urine ne se ferait pas convenablement ; rétrécissements de l'urèthre, engorgements considérables de la prostate.

Chez la femme excitation des organes génitaux, puis résolution des congestions de la matrice ;

TÊTE : Agit comme révulsif doux dans les affections cérébrales.

Météorologie. — L'Alsace, comme on sait, possède un climat variable ou continental : à Strasbourg, la différence entre la température de l'été et celle de l'hiver est de 17° ; à Niederbronn, la température moyenne de l'air pendant les 8 mois d'été est près de 18°, en mai 14°, en juin 17°, en juillet 18°, en août 18°, en septembre 14°. La moyenne annuelle des eaux pluviales est de 750 $^m/_m$ pour l'Alsace, de 956 $^m/_m$ pour Niederbronn. Il tombe en mai 51 $^m/_m$, en juin 67 $^m/_m$, en juillet 61, en août 66, en septembre 31. Mais l'eau n'y séjourne pas, absorbée qu'elle est, par le grès vosgien. Les vents du nord ne s'y font pas sentir, la commune en est préservée par les collines qui la bordent dans cette direction ; c'est ce qui rend le climat de Niederbronn si calmant. Les brouillards y sont rares et sous ce rapport ne peuvent se comparer ni à ceux de Strasbourg, ni à ceux de Paris et encore moins à ceux de Londres. Jusqu'à ce jour nous ne possédons aucune observation psychrométrique nous permettant de sortir des généralités.

Hygiène. — Du rapport publié en 1852 par la Société d'hygiène de Strasbourg, il résulte d'après le professeur Tourdes, qu'on n'observe dans le canton ni goître, ni crétinisme. Les fièvres intermittentes, la fièvre typhoïde, le tétanos, toutes maladies telluriques y sont rares. Pendant l'épidémie de choléra de 1855 il y a bien eu quelques décès : le foyer de la maladie était à Reichshoffen ; les communes telles qu'Oberbronn, Philippsbourg, le hameau de Wasenbourg, en ont été préservés et à Niederbronn même, le côté gauche seul de la rivière en a été atteint.

D'après M. le Dr Meyer, la mortalité de notre ville ne serait que de 22 sur 1,000, et de 1888 à 1893 il y aurait eu 425 morts contre 470 naissances.

Sous le rapport de l'hygiène des rues, il n'y a rien à désirer : les vespasiennes sont très bien tenues et nulle part il n'y a d'ordures accumulées affectant désagréablement l'odorat et pouvant provoquer des maladies. Le cimetière à l'instar du Père-Lachaise, est situé sur une hauteur de manière que ses émanations ne soient pas ressenties par les vivants. Aucun puits ne se trouve dans la zône congestionnable. Les tueries ont toutes été remplacées par un abattoir situé en aval de la ville.

Alimentation. — Comme me disait un ancien compatriote, habitant de nos jours notre ville, Niederbronn est un pays de cocagne sous le rapport de la nourriture. L'eau potable y est excellente. On donnera toutefois la préférence à l'eau des puits légèrement calcaire, savoureuse et qui donne de bon café et de bon thé. Pour les lessives et la cuisson des légumes, l'eau de la montagne vaut mieux. Le pays fournit de bon vin blanc et rouge ; le cidre aigrelet de Normandie y est inconnu et la bière ne se boit généralement pas aux repas. On ne mange que du pain blanc. La viande de boucherie est bonne et saine. Mais comme dit Becquerel dans son traité d'hygiène 1854, page 434, l'animal tué par l'abattage est toujours préférable sous le rapport de la qualité à celui qu'on a tué par la saignée. Le gibier est communément servi sur nos tables, le chevreuil pendant une partie de l'été (excepté en juin et en juillet), le lièvre, les perdrix, les gélinottes, le coq de bruyère ; la charcuterie alsacienne est renommée et le jambon coupé par tranches fines est un vrai régal. Depuis le repeuplement de nos rivières, la truite est devenue commune ; à côté d'elle, les grosses carpes, les brochets monstrueux, les perches, les écrevisses ayant la taille de petits homards. Depuis la facilité et la rapidité des communications on peut se procurer facilement de la marée fine (soles, turbots).

Mode d'action des eaux minérales en général. — Les eaux n'agissent pas à l'aide d'un principe particulier électrique ou autre (Brunnengeist), qui nous rendrait compte de leur action. Comme pour la diète lactée c'est un traitement unique pendant 15 jours, 3 semaines, 6 semaines. Et si l'on veut se rendre raison qu'une personne affectée d'une maladie chronique curable ne suit généralement pas exactement son traitement, on s'expliquera l'effet d'une médication uniforme régulièrement suivie. Le malade qui vient aux eaux n'a qu'à s'occuper de sa cure, et n'est pas dérangé par les mille incidents de la vie journalière. Mais ce n'est pas à dire, le voyage, l'aspect des lieux nouveaux auront sur lui une action favorable. Cela est si vrai que les habitants d'une station minéro-thermale n'éprouvent pas de l'emploi des eaux des effets si avantageux que les personnes qui viennent de loin.

Contre-indications à l'emploi de toutes les eaux minérales. — D'une façon générale tout traitement par les eaux est contre-indiqué dans les cas de fièvres, d'anévrisme du cœur et des gros vaisseaux, de cancers, de tuberculose avancée, de suppuration, de maladies mentales, en exceptant toutefois les cas de mélancolie et d'hypochondrie. Il faut aussi que le malade offre un certain degré de vitalité pour ne pas faire un voyage inutile, voire même désastreux.

MALADIES TRAITÉES AVANTAGEUSEMENT A NIEDERBRONN

Maladies locales

DYSPEPSIE CHRONIQUE IDIOPATHIQUE. — Il ne saurait être ici question ni de la dyspepsie due à un état général, ni de celle qui dépend de l'affection d'un autre organe. Due généralement à un régime défectueux elle est occasionnée soit par un manque de sécrétion des glandes, soit par un état de faiblesse des fibres musculaires lisses, soit le plus souvent aux deux causes réunies.

Gubler divise la dyspepsie en atonique, catarrhale, inflammatoire, douloureuse. Nieberbronn convient surtout dans les deux premières formes. Quand elle est compliquée de gastralgie il y a des cas où elle ne réussit pas, dans d'autres ses succès sont évidents comme nous avons pu nous en assurer par nous-même. Dans tous les cas on ferait bien d'engager les malades à goûter l'eau (s'adresser à la Compagnie fermière de Niederbronn) avant de faire le voyage et de ne pas se rendre à notre station si le liquide n'était pas supporté. Il nous souvient d'avoir été obligé de renvoyer une dame gastralgique qui ne pouvait tolérer la boisson. Dans le cas où le patient n'aurait pas pris cette précaution préliminaire on pourrait essayer de mélanger le liquide avec de l'eau ordinaire.

La dyspepsie atonique et l'état muqueux seront toujours améliorés par un traitement interne et externe ; l'appétit revient promptement, et il suffit de jeter un coup d'œil sur nos tables d'hôte pour s'apercevoir que nos visiteurs font honneur à la table. Les bains sont employés tant pour activer le fonctionnement de la peau, produire une dérivation et solliciter l'absorption d'une certaine quantité de sel par la paume des mains, la plante des pieds, les organes génitaux ; mais à la condition que ceux-ci soient pris à une température au-dessus de l'indifférente, température qui sollicite l'absorption du chlorure de sodium. D'après l'échelle de curabilité établie par mon père, la dyspepsie serait au haut de l'échelle. On emploiera la méthode à petites doses ou à dose massive selon que la maladie sera ou non compliquée de constipation.

Constipation. — Les constipés se trouvent toujours bien de l'emploi de nos eaux quand cet état est dû à une paresse des intestins. Beaucoup de nos habitués sont des habitués qui viennent tous les ans se rafraîchir à nos thermes, c'est dire que l'eau produit son effet non seulement pendant la cure, mais encore quelques mois après. Dans le cas où dans les premiers jours la boisson ne ferait aucun effet, il conviendrait d'ajouter à chaque verre une certaine quantité de sel, de sulfate de soude, de sulfate de magnésie ou bien se servir soit de lavements d'eau minérale, soit de douches ascendantes dont l'effet est encore plus énergique.

Hémorrhoïdes. — Niederbronn ne doit pas être employé lorsque les hémorrhoïdes donnent lieu à des pertes de sang abondantes ; dans ce cas on donnerait la préférence aux eaux ferrugineuses. Notre eau provoque dès le début un léger écoulement sanguin, mais par la suite elle dégorge les vaisseaux hémorrhoïdaux, déconstipe et par là combat la disposition aux hémorrhoïdes.

Pour terminer ce que nous avions à dire sur les maladies du tube digestif proprement dit, disons qu'elle a réussi dans certains cas de dyssenterie chronique. Les personnes disposées à l'appendicite, à l'entérite muco membraneuse, s'en trouveront bien. Elle réussit contre les ascarides lombricoïdes chez les enfants, dans ce cas on pourrait y ajouter un peu de sirop. Et comme à Chatel Guyon on pourrait s'en servir en lavage dans les cas de dilatation de l'estomac.

Elle est absolument contre-indiquée dans les cas d'ulcères de l'estomac et des intestins. Nous avons connu un malade qui, sans consulter de médecin, a bu de notre eau et s'en est mal trouvé.

Engorgement du foie et calculs biliaires. — Nous rangeons sous la rubrique d'engorgements du foie : les congestions de l'organe et son inflammation à ses débuts. L'eau en boisson chauffée à dose altérante ou à dose purgative avec des bains chauds prolongés, réussit bien dans ces cas surtout si la personne est d'un tempérament lymphatique et habituellement constipée. Notre eau convient moins aux personnes sanguines, fortes et robustes. L'engorgement du foie dû aux fièvres intermittentes ou à la leucocythémie ne saurait être combattue avantageusement par nos thermes. L'ascite et l'oedème concomitants contreindiquent absolument tout traitement par les eaux.

L'eau de Niederbronn pas plus que l'eau de Vichy ne dissout la cholestérine qui constitue la plupart des calculs biliaires. Et cela est si vrai, que dans les deux stations, on observe souvent des crises de coliques pendant les premiers jours du traitement. On suspendra le traitement interne pendant la durée des crises, mais les bains même prolongés trouveront leur emploi. Et pour éviter autant que possible les coliques on donnera l'eau chaude à faibles doses. On peut dire d'une façon générale que les eaux préviennent plutôt qu'elles ne combattent les coliques hépatiques. Dans notre mémoire sur la cholélithrase nous avons vu que Niederbronn agissait sur la composition du sang et que c'était comme cela que l'on pouvait expliquer son action. Niederbronn convient aux constipés, aux lympha-

tiques, aux personnes sujettes aux vertiges ; les eaux
alcalines chaudes au contraire aux sanguins, aux hommes
forts, robustes et chez lesquels les calculs ne sont pas
accompagnés de constipation.

L'hypochondrie se lie souvent à des affections des
organes digestifs et c'est ce qui fait que les hypochon-
driaques surtout s'ils se donnent de la distraction, se
trouveront bien de l'emploi de ces eaux.

Congestion et apoplexie cérébrales. — Sur
157 observations résumées dans deux de nos articles de
la *Gazette médicale* de Paris, nous comptons 83 cas
d'apoplexie, 70 de congestion et 5 de ramollissement
cérébral. Nos eaux améliorent constamment les états
congestifs : la pesanteur de tête disparaît, le cerveau est
comme dégagé, débarrassé d'une charge, la mémoire
revient, les vertiges se dissipent, les malades peuvent de
nouveau penser et combiner leurs idées.

Les succès que l'on obtient dans les cas d'apoplexie sont
moins brillants, mais ils sont encore remarquables. La
maladie est plus grave puisque le quart des patients
frappés de cette affection succombent dès leur première
attaque. Les hémiplégiques qui survivent peuvent se
diviser en deux groupes, celui de moyenne intensité et
celui qui comporte les cas graves. Dans le premier cas
guérison ; dans le second simple amélioration.

Nous avons vu au bout de trois semaines de cure,
des malades qui ne pouvaient se tenir assis, s'asseoir et
même faire quelques pas, d'autres qui se faisaient voiturer,
se tenir sur des béquilles, d'autres affectés de diplopie et
de strabisme être débarrassés de leurs infirmités.

On emploiera la boisson, les bains de pieds le soir,
les douches chaudes à colonnes n° 3 sur les membres en
commençant par les pieds, rarement des bains, voire
même des demi-bains. Mais une précaution indispensable
et sur laquelle nous ne saurions assez insister, éviter les
indigestions d'aliments et d'eau minérale ; la boisson devra
être prise lentement, ne jamais peser sur l'estomac.

Dans les observations de ramollissement nous n'avons
constaté que des améliorations.

Nos eaux dans ces affections de tête n'ont pas de
rivales. Les eaux dont la composition se rapproche de

celle de Niederbronn sont ou trop chaudes, ou trop gazeuses ou trop chargées de sels et ne sauraient convenir dans une maladie qui demande un traitement doucement révulsif.

A la pléthore cérébrale se rattache l'amaurose oculaire dans laquelle nos eaux nous ont également donné des succès. Chez une de nos clientes on constatait à l'ophthalmoscope une scléro-choroïdite double avec localisation près de la macule et épanchement sanguin entre la rétine et la choroïde, diminution par conséquence de l'acuité visuelle, constipation. La boisson à dose purgative et les douches révulsives sur les membres inférieurs ont grandement amélioré l'état de la malade.

MALADIES GÉNÉRALES

Rhumatisme et goutte. — Nous rangeons sous la même rubrique le rhumatisme et la goutte d'autant mieux que certains médecins ne font qu'une seule maladie de ces deux affections. Cependant nous ajouterons que d'après les observations du Dr Debreyne, la goutte ne s'observe pas chez les Trappistes de Mortagne qui ne mangent pas de viande, mais le rhumatisme affecte fréquemment les pères du monastère.

Les eaux chaudes, quelles qu'elles soient conviennent dans toutes les formes de rhumatisme, mais Niederbronn s'adresse particulièrement aux rhumatisants d'un tempérament lymphatique avec complication de dyspepsie, de constipation.

A propos de rhumatisme, nous ne saurions nous empêcher de reproduire l'observation d'un cas de rhumatisme de l'un des muscles de l'œil guéri par l'usage de nos eaux. M. D... de Charmes, jeune homme de 32 ans, arrive à Niederbronn en mai 1865. Il nous raconte qu'au mois d'avril dernier à la suite d'un refroidissement provoqué par un vent violent du soir, il se réveille le lendemain y voyant double. Différents traitements sont employés sans succès. Nous constatons un strabisme interne de l'œil gauche, il ne peut tourner cet œil à gauche. Nous attribuons cet état à une paralysie rhumatismale du muscle droit externe de l'œil gauche. Boisson et douches chaudes à colonne n° 1 sur la tempe gauche. Au bout de quatre semaines de traitement, le malade ne voyait plus double, sa vue est revenue à ce qu'elle était avant son malaise, et nous constatons par nous-même le retour de la contractibilité de ce muscle. Nous revîmes le malade en 1866 : la guérison s'était maintenue.

Tout le monde sait que Philippe V de Hanau, affecté de la goutte, trouva du soulagement à la suite de l'emploi de nos eaux et que c'est en reconnaissance de sa guérison qu'il fit construire un établissement de bains et capter la source principale du grand bassin. Il ne prit que des bains.

Voici d'autre part une observation prise parmi d'autres de la même catégorie,

Obs. M. E... d'Uhr..., 50 ans, depuis 1848, goutte héréditaire, articulations métacarpo phalangiennes des deux mains déformées, le malade écrit difficilement. Saison tous les ans, bains avec addition de 2 kilos de sel, boisson. Nous le revoyons en 1865 : il se trouve mieux après chaque saison, et c'est grâce à l'usage de nos eaux que notre malade passe les hivers d'une façon supportable.

Inutile de dire que s'il survenait quelque accès de goutte pendant la cure, il faudrait interrompre le traitement:

Gravelle. — La gravelle se lie à la goutte. L'eau de Niederbronn étant très diurétique et n'ayant aucune action sur les graviers de quelque nature qu'ils soient, on s'explique par là, son efficacité dans les gravelles rouges, blanches, jaunes, grises. Roesslin déjà constatait cette action de l'eau sur le desservant Huberinus (de Niederbronn) affecté de gravelle. Bains chauds, boisson à haute dose, à dose altérante s'il y avait quelque rétrécissement de l'urèthre ou un engorgement de la prostat prononcé.

Obésité. — Obs. M. de L... de Paris, ancien militaire, forte constitution, sanguin, obèse, sang porté à la tête, vient à Niederbronn depuis huit ans. Boisson seulement à dose purgative ; amélioration après chaque saison. En 1865 à la fin de sa cure il avait perdu 25 livres.

Maladies des organes génitaux de la femme.
— Leucorrhée due à un état chloro-anémique, bains frais
de courte durée, injection avec l'eau du bain et dans les
cas plus graves, bains avec addition de tartrate ferrico-
potassique de 50 à 100 grammes. Dysménorrhée, congestion
utérine, métrite chronique, stérilité due à un catarrhe
utérin, âge critique : boisson, bains chauds avec spéculum
de bain.

Maladies de la peau. — Eczéma, miliaire. Après
les maladies du tube digestif, l'eczéma se présente à nous
avec les plus grandes chances de curabilité. La boisson en
qualité de dérivative et les bains par leurs qualités astrin-
gentes conviennent particulièrement dans ces cas de
dermatose secrétante. Sur 15 cas d'eczémas observés
à Niederbronn en 1840 on comptait 6 guérisons, 9
améliorations, pas d'insuccès.

Dans la disposition à la miliaire souvent entretenue
chez nos cultivateurs par l'usage des lits de plume, les
bains tièdes, même froids, réussissent parfaitement.

Dans les cas de dartre sèche on pourrait ajouter
comme à Bourbonne et à Balaruc 50, 100, 125 grammes
de sulfure de potasse par bain.

Diabète. — En 1854, mon père écrivait à la Société
d'hydrologie de Paris que les diabétiques qu'il avait
observés à nos thermes n'en avaient trouvé aucun résultat
avantageux. Voir aussi l'ouvrage de Pétrequin et Socquet
1859. Les médecins venus après lui sont d'un avis contraire.
Pour décider la question il faudrait un grand nombre
d'observations bien prises et suivre les malades pendant
plusieurs années. On se rappellera que le diabète se
présente à nous sous trois formes (le gras, le nerveux, le
pancréatique). Qu'un diabétique gras vienne à Niederbronn,
fasse tous les jours de longues courses et se contente de
prendre journellement une douche d'eau froide à l'eau
minérale ou à l'eau des Vosges, il verra le sucre
disparaître de ses urines au moins pour un temps, à
l'exemple du malade cité par Bouchardat qui n'avait pas
de sucre dans les urines tout le temps qu'il chassait.

Albuminurie. — Les eaux de Niederbronn sous
forme de bains et de boisson sont formellement contre-
indiquées dans l'albuminurie comme nous avons pu le

constater par nous-même. Dans la première période de la maladie, quand il n'existe qu'un état congestif des reins, les étuves humides comme Ischl peuvent convenir (Helfft). A leur défaut les douches chaudes en arrosoir sur tout le corps en évitant la région des reins peuvent être employées à Niederbronn. Dans la seconde période de la maladie, quand le microscope nous dévoilera la présence de cylindres fibrineux dans les urines, eaux ferrugineuses (Spa, Schwalbach, Forges (reinette).

Diabète et albuminurie. — Le sucre et l'albumine peuvent se rencontrer dans l'urine de la même personne. Les douches chaudes en arrosoir seules pourraient rendre quelques services. Cette maladie n'est pas absolument incurable puisque le Dr Villemin (de Vichy) cite un cas de guérison par l'emploi de ces eaux.

Affections spécifiques. — Petri qui exerçait la médecine à Niederbronn à la fin du XVIIIe siècle parle des succès qu'il a obtenus dans ces maladies en associant les frictions hydrargyriques à la boisson et aux bains, les frictions faites le soir. D'autres sources chlorurées sont employées avec succès dans les accidents secondaires. Dans les cas de phénomènes tertiaires on ajouterait de l'iodure de potassium à la boisson minérale.

Niederbronn chez soi. — Bien des personnes attribuent les succès obtenus aux eaux, au voyage, au changement d'air et aux distractions que comporte tout traitement par les eaux minérales. Nous allons prouver qu'il n'en est pas toujours absolument ainsi en rapportant plusieurs observations du Dr Biedert (de Hagueneau) sur des malades de sa clientèle qui n'ont pas fait le voyage de Niederbronn.

1º G..., 49 ans, cultivateur, catarrhe subaigu de l'estomac, manque d'appétit, 2 puis 3 fois par jour pendant 8 jours 150 c. c. d'eau minérale ; amélioration.

2º R..., 45 ans, fabricant, dyspepsie, renvois, constipation, vertiges, 2 puis 3 fois par jour pendant 15 jours 100 c. c. d'eau, amélioration qui persiste quelques mois après.

3º S..., 26 ans, rentier, manque d'appétit ; 3 fois par jour pendant 2 semaines 100 c. c. d'eau ; après 8 jours augmenté d'un kilo ; après plusieurs semaines nouvelle augmentation de 4 kilos.

Hydrothérapie. — Nous avons dit que depuis la guerre M. Frey avait ouvert dans sa villa un petit établissement d'hydrothérapie froide. Son exemple a été suivi par d'autres propriétaires. Mais disons-le de suite on ne pourra faire chez ces Messieurs que de l'hydrothérapie hygiénique. Les personnes habituées à prendre des tubes, comme on dit, trouveront à Niederbronn des maisons pour ce genre de traitement. Pour avoir un véritable établissement de ce nom, il importerait d'avoir à sa disposition non seulement de l'eau pure et froide, ce que nous offrirait l'eau de la Durstbach, mais encore des piscines d'eau chaude et d'eau froide, des étuves sèches et humides, une salle que l'on puisse chauffer, toutes choses que l'on pourrait se donner en créant un établissement de ce genre au bas des Trois Chênes. Alors il ne nous manquerait plus que l'altitude pour pouvoir lutter avec avantage avec Divonne et Gérardmer.

Sanatorium ; Station de cure d'air ; Luftkurort. — L'air à Niederbronn est sain, pur, suffisamment calmant, aucune industrie insalubre ne vient en altérer la pureté. Il n'y existe aucune endémie ; les épidémies y sont rares, la ville offre donc certains avantages aux personnes qui ne demandent qu'un changement d'air. Cependant l'altitude n'y est que de 192 mètres tandis que les véritables sanatoriums Davos, Mont-Dore atteignent plus de 1.000 mètres. Une personne habitant Strasbourg (144 m.) ou Elbeuf (15 m.) y respirera plus facilement que dans ces deux villes ; mais elle s'y trouverait encore mieux à une altitude plus élevée.

Je vois déjà des rivales faisant concurrence à Niederbronn, Obersteinbach d'un côté, Lichtenberg avec une altitude plus élevée, recommandé dans le Botin.

A notre avis le Riesacker conviendrait mieux que Niederbronn comme station climatérique. L'air y est encore plus calme, la température moins changeante, convenant surtout aux personnes dont la poitrine est irritable. Outre cela on a là de bonne eau potable et une ferme nous donnant du lait, du beurre, du fromage, d'excellents légumes, des fruits bien parfumés.

Les Romains en avaient déjà jugé ainsi et avaient établi en ce lieu non une colonie militaire, mais un établissement civil avec bains.

Mais pourquoi créer un sanatorium où l'on s'ennuierait; Niederbronn a sa réputation faite comme ville d'eaux; qu'elle la conserve et qu'elle tâche de l'accroître par des moyens honnêtes !

Cure de petit lait. — En 1862, un chévrier originaire de la Suisse était venu s'installer à Niederbronn pour la vente du petit lait de chèvre. Il n'y revint pas l'année suivante, n'y faisant pas ses frais, et ne recevant aucune subvention de la commune. Et cependant il serait à désirer qu'on puisse se procurer du petit lait à Niederbronn.

C'est un médicament émollient qui a l'avantage sur les eaux minérales de ne pas produire d'excitation ou de fièvre thermale. On l'emploie avec avantage dans la tuberculose commençante, la gastrite chronique, le catarrhe bronchique chez les individus nerveux à fibre sèche. Nous l'avons employé mélangé avec l'eau minérale chez les dyspeptiques gastralgiques et avec succès. Le petit lait a rendu des services dans les cas de goutte (Carrière). Contre-indications à l'usage du petit lait : diarrhée, sueurs colliquatives, leucorrhée, état anémique, chlorotique, lymphatisme prononcé.

Cure de raisins. — Dans la statistique que nous avons donnée de Niederbronn nous avons vu que notre banlieue renferme 22 hectares de vignes. A Oberbronn la superficie qu'occupe le vignoble est encore plus élevée. Nous avons donc à proximité tous les éléments pour entreprendre une cure de raisins. Dès le mois de septembre on pourrait facilement entreprendre un traitement de cette nature, soit que le patient eut la permission des propriétaires de vignes de se rendre dans leurs champs, soit, ce qui est plus pratique, que l'administration des eaux s'arrangeât de manière à mettre tous les jours une suffisante quantité de raisins à la disposition du public.

La cure de raisins ne pourra s'effectuer en même temps qu'une cure par l'eau minérale. Ou bien l'une ou bien l'autre. Employé à titre de cure supplémentaire, de Nachkur, de même qu'un séjour au bord de la mer après une saison aux eaux, le raisin vitalise le sang, donne au patient un sentiment de bien-être et de force, porte à l'engraissement et est un excellent antiscorbutique. Il rend le même service que le ferment de raisin dont l'emploi vient d'être recommandé par M. Jacquemin (de Nancy). On commencera le matin à jeun par une livre et on augmentera tous les jours d'une petite quantité jusqu'à atteindre plusieurs livres. On se servira exclusivement du chasselas (Gutedel). Consulter l'ouvrage du Dr Carrière, Paris, 1860.

EXCURSIONS

Direction de Bitche. — Avant de pénétrer dans l'intérieur de la montagne, mentionnons une charmante promenade sur la lisière de la forêt, et qui ne demande pas plus de 45 minutes. C'est celle de la maison forestière du Heydenkopf et du Riesacker située un peu plus loin. Nous prenons la vallée de la Detenbach, suivons le chemin d'après la Mairie et au bout d'une petite demi-heure nous apercevons une maison rustique ornée d'un balcon. C'est là la maison forestière qui sert fréquemment de rendez-vous à la jeunesse. Nous pourrons y goûter, et en cas de pluie, nous y mettre momentanément à l'abri. Cette habitation est située sur la rive droite du ruisseau et le Riesacker que nous allons maintenant visiter sur la rive gauche. Nous descendons dans la vallée, puis nous la remontons et atteignons bientôt le plateau où se trouve la ferme de ce nom. Cette dernière comprend 27 hectares d'excellente terre. Du temps des Romains il y existait un établissement de bains, dont il ne reste actuellement plus aucune trace. Voir Oberlin, almanach d'Alsace de 1787, l'ouvrage de Beaulieu et ce que nous en disons dans la 1re et dans la 2e édition de notre guide. Il y a 50 ans, on voyait encore à l'entrée de la ferme une modeste chapelle.

Revenons sur la route. Vers le milieu du faubourg de pierre (Steinstrasse) un petit établissement de bains de rivière portant l'inscription *Bachbäder*.

La fonderie de Niederbronn comme nous l'avons dit a été construite en l'année 1767 ; elle est pittoresquement assise au pied de la montagne que domine le château de Wasenbourg. Les deux hauts fourneaux qui produisaient de la fonte de première fusion, ont été supprimés depuis que la maison de Dietrich a trouvé plus avantageux d'acheter la fonte toute faite. Avec cette dernière on fabrique toutes espèces de pièces, depuis les plus lourdes jusqu'aux objets d'art les plus légers et les plus délicats.

Prenons maintenant la direction de la ruine de Wasenbourg. Suivons la promenade de la Neumatt, passons sous le pont de chemin de fer, gagnons l'allée des tilleuls, au bout de cette allée se trouve la montagne que domine le château. Nous suivons un chemin commode indiqué par des carrés rouges peints sur un grand nombre d'arbres ; nous ne pourrons nous égarer. Mais remarquons d'abord le bel aménagement de la forêt : les arbres ne sont ni trop rapprochés, ni trop éloignés les uns des autres de manière à donner leur maximum de rapport ; les arbrisseaux (noisetiers, ronces, bourdaine, etc.) qui ne font qu'épuiser le sol au détriment des arbres de haute futaie, ont été sacrifiés.

Nous ne dirons rien de la ruine de Wasenbourg dont l'histoire se trouve relatée dans tous les ouvrages qui parlent de Niederbronn. Contentons-nous d'indiquer une fresque de l'Hôtel Matthis relative à une scène qui s'est passée au château. Le propriétaire du domaine avait contracté un emprunt auprès du seigneur de Lichtenberg. Le débiteur ne s'acquittant pas de sa créance, le prêteur avait envoyé son intendant à Wasenbourg réclamer son dû. Mais que voit-il dès son arrivée ? D'un côté le maître revenant de la chasse un chien à ses pieds, sa femme occupée à filer et dans l'embrasure d'une fenêtre une jeune fille à laquelle son fiancé faisait la cour. Revenu à Lichtenberg notre intendant raconte le spectacle dont il vient d'être témoin. « Hé bien ! répondit le seigneur, puisqu'il en est ainsi je ne veux pas gâter le bonheur de cette jeune personne ; je fais cadeau au père de sa créance. » Et par cet acte de générosité il fut permis à la jeune demoiselle de goûter des joies pures de l'hyménée.

Au bas de Wasenberg la promenade du roi de Rome, ouverte à l'époque de la naissance du fils de Napoléon. Au centre, un plateau avec source, dans le temps le lieu de rendez-vous de brillantes sociétés. On s'y réunissait fréquemment pour collationner et la danse terminait la fête. C'est une promenade à rechercher au moment des fortes chaleurs, le hêtre qui l'orne fournissant un épais couvert comme l'a si bien dit Virgile dans un de ses plus célèbres vers des Géorgiques : *Tityre tu patulae recubans sub tegmine fagi.*

Le martinet qui fait suite au roi de Rome ne marche plus depuis que les feux des hauts fourneaux ont été éteints. Nous continuons à suivre le sentier qui borde le ruisseau tout en admirant le beau paysage qui se déroule à nos yeux et qui, jusqu'à un certain point, peut se comparer à l'allée de Lichtenthal de Baden Baden.

Pénétrant dans le hameau Wasenberg nous apercevons sur la droite du chemin une maisonnette qui acquit quelque célébrité et dont la construction a fait l'objet d'une nouvelle dans *un monument des Vosges* par un auteur inconnu. Maurice de Brühl était ambassadeur de Saxe en France, lorsqu'en 1770 lors de son séjour à Niederbronn il se fit maçon et édifia ce petit édicule. Une inscription sur le mur extérieur portant les initiales M & B nous rappelle ce fait. Diverses versions ont été données au sujet des intentions du comte à cette occasion ; nous ne nous y arrêterons pas. A 3.500 mètres plus loin, chapelle et école desservie par les sœurs de Niederbronn.

Revenant sur nos pas nous allons parcourir les sommets de la rive gauche, la promenade des trois chênes et l'enceinte connue sous le nom de camp celtique. Prenons notre courage à deux mains et disons comme E. Stoeber :

Hin nach dem Druidenhaine
Wo devalte Priester wacht

Dirigeons-nous vers l'enceinte druitique où veille le vieux prêtre.

Sur un espace d'une longueur de 600 mètres, d'une largeur de cent nous rencontrons une masse de rochers et de pierre, dont les unes sont irrégulières, les autres régulières à formes géométriques définies. Par-ci par là des trous, des rigoles taillés dans le roc. On ne tarde pas à reconnaître que ces pierres formaient la culture de plusieurs enceintes toutes situées sur des plateaux. La dernière la plus antérieure, la mieux conservée forme un ovoïde de 100 mètres de long sur 60 de large.

Elle est circonscrite par des blocs de rochers de plusieurs mètres d'élévation, simplement posés les uns sur les autres, sans ciment et sans même avoir été dégrossis. Ces enceintes formaient le temple d'un peuple qui croyait qu'on ne devait pas enfermer la divinité dans un lieu quelconque et qui honorait l'Etre suprême dans ses œuvres terrestres, tout en lui immolant des victimes en esprit de sacrifice.

Nous continuons notre ascension et nous atteignons le Wintersberg à 580 mètres d'altitude. Nous voyons là un immense bloc de grès de 3 m. 7 de long et de 2 m. 60 de haut et sur l'une de ses faces taillé en haut relief la figure d'une femme assise tenant ses mains sur ses genoux, la tête auréolée. Le sommet du rocher taillé en cuvette, deux étriers et sur l'un des côtés les lettres I Z I, dans le voisinage quelques tumuli.

Plusieurs suppositions ont été faites au sujet de cette sculpture et de sa signification. On sait que nos aïeux les Celtes ne taillaient pas la pierre pour y reproduire l'image de l'homme comme les Musulmans de tous les temps. Il n'est pas non plus probable qu'un artiste moderne se soit amusé pendant plusieurs jours à employer son ciseau pour créer une œuvre de fantaisie. M. Voulot (d'Epinal), nous a donné la véritable signification de cette image. Faisant faire des fouilles en ce lieu, il y a trouvé plus de 12 mètres cubes de cendres et de fragments de chêne. Nous pouvons donc nous rendre compte de l'usage que nos ancêtres ont fait de ce bloc. Les morts étaient brûlés sur la face supérieure du rocher, leurs cendres enfouies dans le terrain avoisinant et la femme représentait la déesse Isis la protectrice du culte des morts, dont le culte avait passé de l'Egypte à Rome. Les lettres I Z I confirment cette opinion. Nous avons donc là un monument qui remonte à l'époque gallo-romaine. Voir la monographie de M. Voulot, les châteaux historiques des Vosges par Ganier et Froelich et le bulletin de la Société pour la conservation des monuments historiques de l'Alsace (premières années).

Nous redescendons dans la vallée pour remonter le ruisseau en suivant la route de Bitche. A 6 kilomètres de Niederbronn la borne qui sépare l'Alsace de la Lorraine, puis Philippsbourg, dont les maisons présentent déjà dans leurs dispositions un autre type, les maisons d'habitation et les écuries sont sous le même toit, tandis qu'en Alsace, ces deux parties se trouvent séparées.

Philippsbourg première station du chemin de fer. C'est là qu'on descend pour visiter le château de Falkenstein à 1.500 mètres plus loin ; c'est là aussi qu'on prend la voiture pour Baerenthal à 4 kilomètres de Philippsbourg. Le Falkenstein est une des plus belles ruines de la contrée par son étendue et par le grand nombre de ses chambres taillées dans le roc. La masse du rocher est dominée par quelques débris de tours et de murailles ; un pont et plusieurs escaliers en bois permettent aux promeneurs de visiter les parties les plus intéressantes et les plus élevées du château.

A l'entrée du vallon qui fait communiquer Philippsbourg avec Baerenthal, s'aperçoivent les débris d'une maison de plaisance de Philippe V de Hanau. De ce domaine il ne reste plus que quelques pans de murs formant une clôture de jardin. Ce fut le comte de Hanau qui donna son nom à ce village et ce fut dans ce château que fut signé le traité de 1606 qui mit fin aux différends entre les Hanau, les Linange et les ducs de Lorraine.

Dès que nous entrons à Baerenthal nous apercevons sur la droite les ruines du château de Ramstein (ne pas confondre avec un château du même nom situé près de Sélestat). Du Ramstein il ne reste plus qu'un pan de mur et quelques chambres taillées dans le roc ; il repose sur un monticule de peu d'élévation et est isolé de toutes parts.

L'usine de Baerenthal a été construite en 1780 par M. Drion, ancien régisseur des forges du Bas-Rhin et appartient à la maison Coulaux. Cette forge utilise une importante chute d'eau servant de moteur aux souffleries et aux marteaux employés pour la fabrication des fers et des aciers pour le service des manufactures de Molsteim et de ses succursales.

A 6 kilomètres de Philippsbourg nous trouvons la gare de Bannstein où l'on descend pour aller d'un côté vers la ruine de Waldeck et l'étang de Hanau, de l'autre à Mouterhansen. Le Waldeck se présente à nous sous la forme d'une tour carrée édifiée sur la limite des terres Lichtenberg Hanau et Deux-Ponts-Bitche pour permettre aux seigneurs de Lichtenberg Hanau de s'y réfugier en cas d'attaque des seigneurs de Bitche.

L'étang de Hanau très visité depuis la guerre permettra au visiteur de faire le tour du lac en bateau et est pour le chasseur un rendez-vous précieux où il trouvera en abondance plumes et poils.

L'usine de Mouterhansen à 3 kilomètres de Bannstein est desservie par un petit chemin de fer qui appartient à la maison de Dietrich. Depuis 1842 elle appartient à cette famille qui a fait établir la première machine à vapeur. Cette usine est très ancienne : on y a trouvé une pièce portant le millésime de 1563 ; elle a été la résidence d'une des mères des comtes de Deux-Ponts-Bitche, de là le nom de Monterhansen qui lui a été donné. On y voit encore les restes d'une tour faisant partie de l'ancienne demeure seigneuriale. On verra à Monterhansen des fours à puddler, des réducteurs de la fonte pour la production de l'acier autrefois par la méthode Bessemer, aujourd'hui par le procédé Martin. Des bandages de roues de locomotives en acier, des rails en acier, des essieux en fer sont fabriqués dans cette usine.

Nous nous dirigeons ensuite sur Bitche la ville vierge. Cette cité était au moyen-âge le chef-lieu d'un comté, tantôt indépendant, tantôt faisant partie de la France, tantôt de l'Allemagne ou de la Lorraine comme il appert du tableau que nous allons donner. Les Romains n'y ont pas laissé de traces de leur séjour.

De 853 à 979, Bitche fait partie de la Lotharingie, du royaume de Lothaire ;

979 à 1176, Duché de Lorraine ;

1176 à 1572, Comté indépendant de Deux-Ponts-Bitche ;

1572 à 1661, Duché de Lorraine ;

1661 à 1697, France ;

1697 à 1766, Duché de Lorraine ;

1766 à 1871, France.

En 1442, l'empereur Frédéric III autorise la création d'un marché à Bitche. Cinq ans plus tard siège de cette ville par le seigneur de la Petite pierre pendant que le duc de Lorraine s'empare de la forteresse de l'assiégeant. En 1451 les seigneurs de Bitche sont du côté des Linange, c'est-à-dire des vaincus à la bataille de Reichshoffen.

A l'époque de notre grande révolution 1792, tandis que l'ennemi s'emparait de Longwy et de Verdun, l'attaque de Bitche commandée par Oudinot fut repoussée. Au 15 octobre 1793, nouvelle attaque également repoussée ; le 17 novembre suivant, le fort faillit être pris par surprise grâce à la trahison d'un officier de nationalité belge du nom de Tutelin. Tout le monde enfin se rappelle la belle défense de Bitche pendant la dernière guerre. Les Français quittèrent la ville avec les honneurs de la guerre emportant leurs 14 canons.

Pour la description du fort nous allons nous servir d'une note autographe communiquée à mon père par le général du génie Bizot tué devant Sébastopol en 1855.

Le château de Bitche est assis sur un rocher isolé de toutes parts qui s'élève à 65 mètres de hauteur, au centre d'un bassin assez vaste formé au milieu des montagnes des Vosges sur leur versant occidental. Ce château fortifié en 1683 par Vauban, rasé en 1698 en exécution d'un article du traité de Ryswick, rétabli en 1702 au commencement de la guerre de succession, et rasé de nouveau en 1714 après la paix de Rastadt, a été relevé définitivement depuis la réunion de la Lorraine à la France en 1733.

Près de trois millions ont été employés depuis cette époque pour mettre cette forteresse dans l'état où on la voit aujourd'hui. L'enceinte supérieure, qui renferme tous les établissements militaires, suit les contours d'un escarpement de 25 mètres d'élévation taillé dans le roc vif. La seconde enceinte établie sur un plateau inférieur, qui règne au pourtour du pied de cet escarpement, est entourée d'un chemin couvert dont les glacis s'étendent avec une pente fort raide jusqu'au fond du bassin.

La ville bâtie dans le fond de la vallée au pied du rocher qui porte le château, l'embrasse sur la moitié de son contour.

Le château renferme tous les établissements nécessaires pour le logement et les approvisionnements d'une garnison de 1.000 à 1.200 hommes. Il n'y reste de la première époque de sa construction que la chapelle et l'ancien logement du gouverneur converti depuis en caserne ; tous les autres bâtiments ont été élevés depuis 1730. Des étages souterrains creusés dans le roc sous ces bâtiments, et voutés à l'épreuve de la bombe, assurent aux défenseurs un abri contre l'incendie des étages supérieurs, seul genre d'attaque probable sur le château. Ces souterrains présentent dans leur disposition la répétition des localités supérieures, et l'on y trouve outre le logement des troupes, tous les magasins nécessaires aux approvisionnements, des vivres et des munitions, un hôpital de siège, une boulangerie et ses fours, une immense écurie pour les bestiaux de l'approvisionnement du siège et un très beau et vaste puits taillé dans le roc descendant à une profondeur de 75 mètres.

L'énorme relief de son enceinte et la nature de ses escarpes rendraient bien difficile le succès d'une attaque en règle ; en 1793 il a résisté avec une garnison de 7 à 800 hommes à une surprise tentée dans la nuit du 15 novembre. 5 à 6.000 prussiens avaient commencé l'investissement sur un rayon d'une à deux lieues, s'étaient portés sur la place par une marche rapide de nuit, et après avoir escaladé les ouvrages du plateau inférieur en surprenant et tuant les sentinelles, ils étaient déjà parvenus aux dernières portes de la communication de ces ouvrages avec le plateau supérieur, lorsque l'éveil ayant été donné, toute la garnison se précipita sans vêtements, mais en armes, sur les points attaqués, et fit pleuvoir sur les assaillants une grêle de mousqueterie, de grenades, de bûches et de tous les meubles dont elle put se faire des projectiles. Une partie des assaillants se retira en désordre emmenant un grand nombre de blessés ; mais la tête de la colonne, engagée dans un escalier dont les issues étaient battues par un feu roulant de mousqueterie ne put opérer sa retraite. Elle attendit le jour dans cette terrible position et fut faite prisonnière au nombre de 300 hommes environ. On trouva dans les communications, les fossés et les chemins couverts 120 hommes et 60 blessés, 300 fusils et nombre de leviers, de pinces en fer, de haches, échelles et autres instruments que l'ennemi avait abandonnés dans sa fuite. La garnison n'eut que 9 hommes tués.

En 1814, Bitche fut bloqué par un corps de 3.000 Russes. En 1815, le blocus fut renouvelé par un corps de Prussiens et de Bavarois, sans qu'à l'une ou à l'autre de ces époques, il ait été fait aucune tentative contre le fort. Pendant trois ans Bitche eut une garnison bavaroise.

Nous prenons le chemin de fer jusqu'à Lemberg et dans cette localité le tramway qui nous conduit à Saint-Louis (Müntzthal). Saint-Louis, depuis 1783, possède une cristallerie qui a une réputation européenne. En 1867 à l'Exposition universelle de Paris, nous avons pu voir les produits de Saint-Louis à côté de ceux de Baccarat et nous n'avons pu qu'admirer la riche collection de ces deux maisons rivales. Saint-Louis occupe 2.000 ouvriers ; pour visiter l'établissement on s'adressera au successeur du comte Didierjean et on verra successivement les fourneaux où le verre est soufflé, les salles où l'on polit les cristaux, l'atelier du peintre, celui des graveurs et le magasin où sont conservées les pièces les plus précieuses.

Dans les environs de Saint-Louis il existe des établissements du même genre non de cristallerie, mais de verrerie à Goetzenbruck, Meisenthal et autres lieux.

Nous ne quitterons pas le pays de Bitche sans mentionner la commune de Walschbronn, 2 lieues au nord, dans laquelle jaillissait dans le temps une source de pétrole (Roesslin). Il y aurait peut-être là quelque essai à tenter pour mettre à jour une quantité plus ou moins grande de pétrole !

Direction de Jaegerthal. — La vallée de Jaegerthal, autrefois vallée de Windstein, arrosée par la Schwartzbach nous présente un des sites les plus pittoresques de nos environs. Deux chemins parfaitement carrossables y conduisent. L'un, le plus direct, suit le ravin connu sous le nom de Werbe et franchit les hauteurs qui séparent les deux vallées (4 kilom.) L'autre, passant par Reichshoffen fait un détour, mais n'a pas comme le précédent l'inconvénient de la montée et de la descente (8 kilomètres).

Nous prenons le chemin qui passe par Reichshoffen. Nous tournons sur notre gauche avant le pont, passons devant le chantier d'un de nos parents, M. Ober, puis devant l'ancienne papeterie Herbster actuellement démolie, pour arriver au pèlerinage de Wohlfahrtshoffen ou Wolfershoffen. Dédiée à St-Wolfgang, le précepteur de l'empereur Saint Henri II, on y dit la messe tous les samedis, et sa fête se célèbre le 31 octobre. Ce saint est invoqué dans les cas de maladies nerveuses. On remarquait autrefois à Wolfershoffen une chaire extérieure attenant à la chapelle. Cette chaire a été supprimée lors de la reconstruction de l'édifice en 1851. Nous avons entendu l'antiquaire Beaulieu regretter la disparition de cette chaire, d'autant plus que les chaires extérieures sont devenues rares. Pour notre compte personnel nous ne connaissons que l'église N.-D. de Vitré (Ille-et-Vilaine) qui soit ornée d'une chaire extérieure.

Continuons notre route nous arrivons bientôt au martinet de Rauschendwasser supprimé depuis quelques années. Ce dernier, et la papeterie, ont été démolis pour fournir une plus grande masse d'eau à l'usine de Reichshoffen et produire une source d'électricité.

Un peu au-dessous du Rauschendwasser et à la limite du Muschelkalk et des marnes irisées se trouve une source qui, n'étant pas captée, se mêle aux eaux douces environnantes et forme avec elles une flaque d'eau jaunâtre. L'eau est froide, légèrement salée et semble présenter mais à un degré plus faible, les mêmes propriétés que celle de Niederbronn. Jusqu'à ce jour elle n'a pas été reconnue d'utilité publique : une demande faite dans le temps dans ce sens a été rejetée.

Nous arrivons à Jaegerthal. La vallée se présente le plus avantageusement un peu au-dessus du château du baron E. de Dietrich, occupant sur la pente de la colline une des positions les plus riantes. A peu de distance devant soi on aperçoit une petite chapelle érigée il y a une cinquantaine d'années, la forge, puis l'étang qui se prolonge sous l'ombre de beaux arbres et bornant l'horizon, dans cette direction les deux châteaux de Windstein, le tout d'un aspect à la fois plein de majesté et de grâce.

La forge de Jaegerthal date de 1602. On y fabrique des fers en barres qui portent tous comme marque de fabrique un cor de chasse.

Après avoir passé devant le martinet, nous arrivons au moulin de Windstein qui est à 1.200 mètres plus loin. C'est là que l'on descend de voiture pour visiter les deux ruines. Nous remontons un petit vallon, passons devant le temple bâti sur l'emplacement d'une chapelle, et visitons d'abord le vieux Windstein si remarquable par ses chambres et celliers taillés dans le roc. Puis nous nous rendons au nouveau château d'où l'on jouit d'une vue magnifique sur toute la vallée. Une légende rapportée par le *Magasin pittoresque et illustrée* par Théophile Schuler, sous le nom de la Boulangère du Nouveau Windstein, nous raconte l'histoire d'un jeune gentilhomme à la recherche d'une épouse. Désirant que sa future fut gaie, enjouée, tout en se livrant à un travail de ménage, à un travail vulgaire, il trouva la femme rêvée dans une jeune fille noble du nouveau Windstein, chantant tout en pétrissant le pain. Elle remplaçait une servante malade. Il se dit, voici ma future ; sa demande ayant été favorablement accueillie, le mariage s'en suivit, et mari et femme coulèrent des jours heureux.

Nous redescendons dans la vallée, nous la remontons ; à gauche la forêt de Buchwald promenade mise en vogue dans le temps par le général Leclerc, mais actuellement délaissée.

Puis c'est la petite vallée de Wineckerthal à droite avec ses trois châteaux de Schoeneck, de Wineck, de Windeck ou Wittschloessel, le premier à gauche, le second au milieu, le troisième à droite. Ces trois châteaux ont toujours appartenu aux mêmes seigneurs, d'abord aux nobles de Schoeneck, puis à la famille de Durckheim. Nous pensons que le château de Schoeneck appartenait à la branche aînée, le Wineck à la branche cadette et le Windeck à une certaine époque aux veuves de Schoeneck d'où à notre idée le nom de Wittschloessel abréviation du mot de Wittwenschlössel. Nous ne croyons pas qu'il y ait jamais eu une famille de Wittschloessel qui ait habité Windeck.

Bien qu'il existe un château de Windeck dans la Haute-Alsace, nous pensons que c'est dans notre château que le prévôt Hanemann de Kibourg fit enfermer en 1366, Jean d'Ochsenstein, doyen du grand chapitre de Strasbourg. Le magistrat de la cité assiégea en vain Windeck où le doyen se trouvait prisonnier. Ce dernier ne fut délivré qu'en 1371 contre une rançon de 4.000 florins.

Nous retournons à la vallée de la Schwartzbach : à 4 kilomètres du moulin de Windstein, le village de Dambach, sur la gauche les ruines du château de Hohenfels, puis c'est le hameau de Neunhoffen où se trouve une maison d'école tenue par les sœurs de Niederbronn. Dans l'église de Neunhoffen, le tombeau d'une dame de Durckheim, morte en 1624.

Puis à gauche de la vallée de la Schwartzbach, un petit vallon arrosé par le Rothenbach. C'est dans ce vallon qu'on verra les restes du plus ancien château de nos environs bâti au xe siècle par les soins de l'évêque de Strasbourg Otbert. Et c'est là malheureusement aussi que le prélat trouva sa mort, assassiné par ses ennemis politiques.

Nous revenons sur nos pas, remontons la Schwartzbach, nous laissons sur la gauche un hameau connu sous le nom de Neudörfel pour terminer notre excursion par une visite à Sturtzelbronn. De cet ancien couvent de

Bénédictins, bâti en 1135 sous l'administration de Simon duc de Lorraine, il ne reste plus qu'une ancienne porte romane du XVIIIe siècle et des caves taillées dans le roc. Les premiers ducs de Lorraine, plusieurs comtes de Deux-Ponts-Bitche, entre autres le dernier d'entre eux, Jacques, mort en 1570, d'autres seigneurs encore ont été enterrés à Stürtzelbronn. Florissante jusqu'au XVIe siècle, cette abbaye fut saccagée par les paysans en 1525, puis plus tard pendant la guerre de trente ans. Relevée de ses ruines pendant le XVIIIe siècle les Bénédictins y établirent des hauts fourneaux et des martinets qu'ils cédèrent vers 1766 à J. de Dietrich. Les forêts que possédait le couvent lui furent enlevées à l'époque de notre grande Révolution. Gérard dans son *Alsace à table* cite le fait d'un cuisinier du Sturtzelbronn qui, comme maître d'hôtel, avait acquis une grande réputation. (Pour l'histoire de Sturtzelbronn consulter Kirstein.)

Direction d'Oberbronn. — Avant de gagner Oberbronn montons au cimetière de la ville. D'un côté nous verrons la concession de la famille de Dietrich entourée d'un grillage en fer ; de l'autre la tombe de la première victime de la guerre de 1870 (celle du maréchal des logis Pagnier) puis celle de notre premier maître M. Fleck, père de l'évêque de Metz mort il y a quelques années, celle du premier curé de Niederbronn, celle de mon père.

Nous redescendons la côte et nous dirigeons nos pas vers Oberbronn ; à droite l'hôtel Bellevue très fréquenté pendant la saison des eaux et dont la cuisine est renommée, puis du même côté un peu plus loin, un calvaire qu'une mère reconnaissante a fait élever en mémoire de son fils revenu sain et sauf de l'armée.

Après 3 kilomètres de marche nous atteignons Oberbronn agréablement situé sur le versant méridional de la montagne, à 274 mètres au-dessus du niveau de la mer. Adossée contre la forêt, entourée de vignobles et de châtaigniers, cette commune présente tous les caractères d'un bourg du moyen-âge : ses rues pavées, ses vieilles maisons datant du XVe siècle, son église gothique érigée en 1403, les restes d'un mur d'enceinte du côté de la plaine, tout atteste l'ancienne origine de cette localité.

Dès notre entrée dans la bourgade nous apercevons le vignoble. Le vin d'Oberbronn jouit d'une bonne réputation mais ne fait pas l'objet d'un commerce d'exportation, chaque propriétaire consommant le fruit de sa récolte. L'hiver rigoureux de 1879-1880 n'a pas fait périr la vigne, mais seulement retardé sa croissance.

Le premier domaine que nous apercevons sur notre droite est l'ancien château des seigneurs d'Oberbronn ; mais depuis 1858, devenu le noviciat et l'un des orphelinats des sœurs de Niederbronn.

Le château actuel fut bâti en 1551 par les seigneurs de Linange Westerbourg sur l'emplacement de l'ancien château du Born. D'après Schaepflin, ce fut ce prince de Linange qui introduisit le luttéranisme dans la commune, y établit le premier consistoire avec annexe à Niederbronn.

Continuant notre chemin nous ne tardons pas à arriver à l'église qui est mixte. Les églises à simultaneum datent de Louis XIV. Par suite d'un édit du roi il était enjoint aux communautés protestantes, de laisser la jouissance du chœur aux catholiques dès qu'il y aurait dans un village sept familles professant ce culte. L'esprit de tolérance pratique inné chez les Alsaciens permit l'établissement de cet usage, qu'il eut été difficile de faire adopter dans d'autres provinces. A l'entrée du chœur on remarquera deux belles peintures représentant la Sainte-Vierge, dues au pinceau de Mme Schwilgné, née comtesse de Stralenheim.

Citons comme mémoire le fait du séjour de Schneider à Oberbronn. Le fameux accusateur public près du tribunal criminel du Bas-Rhin, l'ennemi acharné de Fr. de Dietrich, fut pendant quelque temps curé de cette commune à l'époque où il arriva en France. Il y baptisa quatre enfants.

Un peu plus loin que l'église, se trouve la source entourée d'un lavoir qui a donné son nom à Oberbronn source d'en haut en opposition à celle de Niederbronn la source d'en bas.

Oberbronn a été habité par les Romains ; nous avons la preuve dans les débris que le sol y a restitués à différentes époques, et entre autres dans le déblaiement du château en 1858 (bas relief de Mercure). Cette bourgade suivit les destinées de l'Alsace : elle eût des landgraves et ceux-ci cédèrent la seigneurie à la famille de Born. Ces seigneurs ne crurent mieux faire étant souverains de communes aquatiques, si je puis m'exprimer ainsi, que de choisir comme armoirie un ancre comme il résulte de la découverte d'une pierre du château sur laquelle un ancre avait été sculpté. Cette famille devait être puissante puisque nous voyons en 1371 Lambert de Born monter sur le siége épiscopal de Strasbourg. Mais dès 1350, Oberbronn passe aux Ochsenstein, puis aux Lichtenberg, aux Deux-Ponts-Bitche, aux Linange.

La seigneurie d'Oberbronn comprenait en 1789 les villages d'Erckartswiller, de Gumbrechtshoffen (par moitié), de Mertzwiller, de Rothbach, de Sparsbach, d'Uhrwiller, de Weinbourg (par moitié), de Zinswiller, de Zittersheim, les censes de Breitenwasserhoff, de Motersbronn, de Wildenguth, le moulin de Nifferen et se trouvait partagé entre le prince de Hohenlohe-Waldenbourg-Bartenstein et la comtesse de Lœwenhaupt.

Dans la seconde moitié du xviie siècle nous voyons Louis Eberhart de Linange, quoique marié, vivre en concubinage avec une de ses nièces et le château assiégé et dépouillé par le palatin Adolphe-Jean de Deux-Ponts (1667).

L'on sait qu'après l'abdication de Christine de Suède ce fut son cousin le duc de Deux-Ponts qui monta sur le trône de ce royaume. L'on s'explique par là les rapports des seigneurs d'Oberbronn (voisins de ceux de Deux-Ponts) avec les nobles suédois. Les Lœwenhaupt, le comte de Stralenheim qui habita Oberbronn à dater de 1830, les Dithmar sont tous originaires de Suède. Pendant plus de 150 ans les habitants de Deux-Ponts se sont adressés à la pharmacie Dithmar d'Oberbronn.

Pour les légendes d'Oberbronn consulter Dupuy ou nos précédentes éditions.

A trois kilomètres d'Oberbronn se trouve le village de Zinswiller remarquable par son usine. On y fabrique des ustensiles de cuisine de toutes espèces en fonte émaillée d'une qualité supérieure non attaquable par les acides, des conduits pour l'eau et le gaz de l'éclairage, des baignoires, etc.

A quatre kilomètres d'Oberbronn et de Zinswiller les ruines du château d'Arnsbourg. On peut s'y rendre par Oberbronn, par la vallée de Zinswiller, par le château de Wasenbourg ; consulter les cartes du pays.

En 1332, les Lichtenberg achètent aux landgraves de la basse Alsace, le château d'Arnsbourg ; dès 1229, les chroniques font mention de ce domaine. La famille d'Arnsberg s'éteignit en 1504 dans la personne de Fessler d'Arnsberg. Citons deux légendes rapportées par Dupuy.

Entre Zinswiller et Offwiller, à deux kilomètres du premier de ces villages, au pied du Rehberg, se trouvait l'ancienne commanderie teutonique de Dahn dont il ne reste qu'un cimetière. En 1805, nous avons assisté à des fouilles qui y furent faites. On trouva des tombeaux en pierre dont les dalles avaient été empruntées à un temple romain comme le prouvaient les figures en bas-reliefs sculptées sur une des faces. Dans l'un d'eux trois squelettes ; dans un autre un seul. A côté de cela des urnes en pierre, des vases cinéraires, par conséquent deux genres de sépulture, celle adoptée par le peuple roi d'une part et celle des chrétiens d'autre part.

On trouve encore assez souvent dans cette contrée des Ritterpfennigs, c'est-à-dire des pfennigs des chevaliers teutoniques.

Tant que les croisades avaient duré, les chevaliers s'étaient conduits comme de vrais soldats chrétiens ; mais il vint un moment où ces Messieurs ne trouvant plus à utiliser leur zèle et leur activité, perdirent leur ferveur primitive et de graves abus glissèrent dans leur conduite. Il fallait donc ou réformer l'ordre ou bien le supprimer. Ce fut à cette dernière solution qu'on s'arrêta.

Nous quittons Dahn, traversons le village d'Offwiller et remarquons sur la droite entre cette commune et Rothbach, les débris d'un ancien couvent de femmes connu sous le nom de Frauenkirche. De ce monastère il reste un pilier avec escalier tournant. Un chapiteau formant clef de voûte du XIIIe siècle a été déposé au musée de Niederbronn. Dans le courant du XVIe siècle, au moment de l'invasion des nouvelles doctrines religieuses, les sœurs quittèrent le couvent et les bâtiments furent abandonnés.

Nous avons eu l'occasion de voir une carte datant de Louis XIV avec la rubrique monastère à la place de la Frauenkirche.

Offwiller comme l'indique son nom est situé sur la hauteur et Rothbach à 1.200 mètres plus loin dans le fond de la vallée du même nom est réputé pour ses vins rouges.

A peu de distance de Rothbach se trouvent les débris d'une ancienne chapelle connue sous le nom de Thierkirche, église des animaux. Au musée de Niederbronn on pourra voir un bas-relief représentant l'agneau pascal et un fragment de fenêtre ogivale provenant de cette église. Avant le XVIᵉ siècle il était d'usage de faire passer les animaux devant le porche de cette chapelle et de leur donner la bénédiction afin de les préserver ou de les guérir de leurs maladies. Cet usage a survécu en Auvergne. D'autre part on sait qu'à St-Hubert, un certain jour de l'année on bénit les chiens, et dans une commune de notre département on a procédé, il n'y a pas longtemps, à la même cérémonie, à l'époque où la maladie aphteuse régnait sous forme épidémique.

Nous ne dirons qu'un mot de Lichtenberg qui est le berceau d'une noble famille qui s'est éteinte en 1480. Au sommet de la montagne sur laquelle est bâti le fort du même nom, jaillit une source et c'est précisément cette circonstance qui a donné lieu à la construction d'un château fort en ce lieu. Le célèbre Conrad de Lichtenberg, évêque de Strasbourg, organisateur de la construction de la flèche de la cathédrale de la capitale de l'Alsace, était né dans ses murs. Son tombeau se voit encore de nos jours à gauche du chœur de la cathédrale. En 1515, à l'époque de la guerre des paysans, les seigneurs de Hanau Lichtenberg trouvèrent un asile sûr dans ce château. Pris par le maréchal de Créquy en 1677, Lichtenberg fut bombardé en 1870 et depuis, le fort est resté à l'état de ruines.

Bérard ainé, professeur de physiologie à la Faculté de Paris et que nous avons eu l'occasion de voir en 1855 à Strasbourg, en qualité d'inspecteur des Facultés de médecine, était né à Lichtenberg en 1797.

Pour l'histoire de Lichtenberg, consulter Spach, Lehmann et pour sa légende, la belle petite poësie rapportée par Cunier.

Nous ne quitterons pas Lichtenberg sans dire un mot de Bouxwiller qui fut l'ancienne capitale du Lichtenberg, des Hanau, des seigneurs de Hesse-Darmstadt. Jusqu'à l'époque de notre grande révolution, cette ville resta le siège d'une seigneurie indépendante de la France. Mais depuis, elle est devenue le siège d'une industrie assez importante. Le lignite ferrugineux que l'on trouve dans les environs et un établissement d'équarrissage ont permis d'y confectionner des cyanures, des produits ammoniacaux, du phosphore, de la gélatine, du rouge anglais. Il existe à Bouxwiller un collège communal assez renommé. Rappelons pour terminer que le lendemain de la bataille de Woerth, le prince Frédéric rappela aux notables du lieu que son arrière-grand'mère, la femme de Frédéric-Guillaume II était née à Bouxwiller.

Direction de Woerth. — Pour nous rendre dans la direction de Woerth nous prenons la route intermédiaire entre les vallées de Falkenstein et de la Schwartzbach en quittant Reichshoffen avant le pont pour nous diriger sur la gauche, puis un peu plus loin sur la droite. Devant nous, un chantier de bois dans le temps à la famille Singer, de nos jours à la maison de Dietrich. Au centre de ce chantier, une petite chapelle abandonnée, construite elle-même sur l'emplacement d'un temple païen, comme le prouvent les restes d'antiquité romaine qu'on y a déterrés. Ce sont là les seuls débris d'une léproserie.

Et pour le prouver nous avons la tradition du bourg, les ossements trouvés dans son voisinage et le fait que le bâtiment n'a jamais été entretenu, les habitants de Reichshoffen ayant l'habitude de ne pas laisser tomber en ruines leurs édifices religieux comme le prouvent les soins qu'ils ont toujours mis à entretenir les chapelles de Wolfershoffen et de St-Christophe.

La lèpre comme on sait a été introduite dans les pays occidentaux par les Sarrasins, et plus tard de nouveau rapportée à leur retour de Palestine par les croisés. Elle ne disparut en France qu'en 1624. Cette maladie éminemment contagieuse (exemple récent du P. Damien) ayant disparu, les habitants ne se sont plus souciés de l'entretien de bâtiments alors inutiles et le temps a pu y porter ses ravages en toute liberté. En 1881, comme on sait, Cornil a trouvé la bactérie de la lèpre. Il résulterait d'une communication récente (1905) du gouvernement allemand qu'il n'y a plus qu'un seul lépreux en Alsace.

Continuant notre route nous gravissons la colline qui sépare la vallée de Reichshoffen de celle de Woerth, et nous arrivons à Froeschwiller. C'est dans ce village qu'étaient campés la plus grande partie des Français pendant la bataille du 6 août 1870. C'est là aussi que fut blessé mortellement le général Raoult auquel la ville de Meaux vient d'élever une statue.

Nous pénétrons dans l'église catholique. Des tables de marbre portent les noms des officiers français tués dans la bataille. Dans le chœur nous remarquons trois beaux vitraux, celui du milieu représente Saint-Michel, celui de gauche le roi Saint-Louis, celui de droite Saint-Henri, empereur d'Allemagne.

Puis nous nous dirigeons vers le temple protestant. Les vitraux de la nef représentant les patriarches de l'ancien testament ; l'autel orné des portraits de Luther et d'un seigneur de Dürckheim ; puis dans la sacristie, les autographes des empereurs Guillaume et Frédéric. A droite de l'église le château de Dürckheim : entre les deux, le monument de la famille Strauss de Dürckheim, père, mère et les 3 fils. L'un de ces derniers, mort quelques années avant 1870, a laissé un nom comme naturaliste. Son anatomie du hanneton avec planches est une œuvre remarquable couronnée par l'Institut et imprimée à ses frais.

Avant de descendre à Woerth, n'oublions pas de mentionner le hameau de Scheuerlenhoff à 3500 mètres sud-ouest de Froeschwiller, témoin du premier fait de la guerre de 1870. C'est là en effet que fut tué le maréchal des logis Pagnier : les Français viennent de lui élever un monument. Les Allemands de leur côté ont dès 1890 fait ériger une pyramide à la première victime de leur armée, au lieutenant Winsloë.

Froeschwiller comme on sait, fut le théâtre de la bataille que Hoche livra aux Autrichiens en 1793. Cette victoire et ses suites laissèrent un triste souvenir dans l'esprit du général, comme il appert d'une lettre adressée à son frère dont nous possédons l'original. « Il y a

« aujourd'hui un an, dit Hoche, mon cher frère, que nous
« nous battions à Froeschwiller ; il y a aujourd'hui un
« an que nous battions les ennemis de la patrie ; je n'ose
« fixer mes regards sur ce qui s'est passé depuis cette
« époque, grands dieux effacez en jusqués au souvenir,
« ces mots sont trop aigus. » 2 Nivose an III (1794).

Nous descendons à Wœrth, situé au confluent de la
Sauer et de la Soultzbach, une des villes principales des
seigneurs de Hanau Lichtenberg.

On y voit des restes de fortifications du moyen-âge,
des tours, la maison habitée dans le temps par Bernard
Hertzog, bailli de la maison de Hanau et chroniqueur
d'Alsace, occupée de nos jours par la famille Frautmann.
Il y avait dans le temps un hôtel des monnaies à Wœrth.

La colline que nous voyons devant nous est connue
sous le nom de colline de Gunstett. Par trois fois les
habitants de ce village eurent en moins d'un siècle à subir
une invasion ennemie. Une première fois, en 1793, les
Croates se chargèrent de dépouiller les villageois de tout
ce qui leur tombait sous la main. Une seconde fois, en
1814, ce fut l'occupation du pays par les Russes. Une
troisième fois, en 1870, ce fût l'invasion allemande avec
ses pénibles souvenirs. Mon oncle, Ph. Kuhn, alors
maire de la commune, membre du conseil d'arrondissement
de Wissembourg, suppléant du juge de paix de Wœrth,
receveur des tabas à Haguenau, chevalier de la Légion
d'honneur, eût particulièrement comme fonctionnaire public
à subir bien des avanies, et son fils aîné servit pendant
quelques jours d'otage à l'armée ennemie.

C'est de cette hauteur que l'on domine le mieux toute
l'étendue du champ de bataille. Elle a inspiré la verve de
mon oncle, le docteur F. A. Kuhn, dans les vers que
voici :

> Dans un coin retiré de notre bonne Alsace
> S'élève la montagne où Gunstett est bâti,
> Quoique nul écrivain d'elle mention ne fasse,
> Muse, je veux chanter ce grand tertre aplati
> Couronné de guérets et de la croix de pierre
> Et de trois peupliers que mon père a plantés.
> Ah ! que n'ai-je la voix d'un Bernardin Saint-Pierre
> Pour dire tes beautés et tes sites vantés

D'où l'on voit à la fois Rastadt et l'Helvétie,
L'Alsace presque entière et le Palatinat.
Quatre pays divers que la loi dissocie
Mais qu'un commun génie à s'unir destina.
D'où l'on voit de Strasbourg, la flèche grandiose,
Comme un point vaporeux dans le lointain surgir
Et d'où votre œil encore, avec bonheur repose
Sur les fruits qu'à vos pieds partout il voit mûrir.
Il embrasse d'un coup d'œil vingt villes et villages
Qu'il voit de tous côtés dans la plaine étalés.
Des vignobles, des champs et de verts pâturages,
Des épis jaunissants, des moissonneurs hâlés,
Du Rhin, dans le lointain la course impétueuse
Comme un rayon d'argent se tracer à l'horizon,
De la Saner à vos pieds l'onde capricieuse,
En replis tortueux sillonner le gazon.

Pour visiter au complet le champ de bataille, on prend généralement une voiture à Niderbronn même : on fait en sorte d'être en société.

Premier arrêt à Froeschwiller ; visite des deux églises ; départ pour Elsasshansen ; en allant de cette commune à Wœrth, noyer de Mac-Mahon et à côté la colonne prussienne dominée par l'aigle dirigeant son vol vers la France. A Wœrth visite de l'église catholique, puis en route dans la direction de Diefenbach, à mi-chemin de ce village et sur la droite, monument de l'empereur Frédéric à cheval. Retour vers Wœrth, changement de direction, nous traversons Goersdrof et visitons Liebfrauenberg, puis Liebfrauenthal. Nous reprenons la route de Froeschwiller et au sortir de Wœrth, nous admirons le beau monument bavarois ne laissant rien à désirer sous le rapport esthétique, la renommée couronnant un soldat mourant. Au haut de la côte ossuaire français en forme de pyramide égyptienne, puis nous passons devant le cimetière de Froeschwiller où est enterré le général Maire. Cette excursion du champ de bataille peut se faire facilement en une après midi.

Revenons à Liebfrauenberg à la montage de la Vierge, ainsi dénommée parce que c'est en ce lieu que la Sainte-Vierge apparût à un berger. Pour perpétuer ce souvenir, une statue de la Sainte fut placée dans le creux d'un chêne, puis on bâtit une chapelle en cet endroit (1383). Dès grâces ayant été obtenues à Liebfrauenberg, Renaud, comte de Deux-Ponts-Bitche, perclus de tous ses membres, s'y fait transporter, et obtient instantanément la guérison de tous ses maux. Le prince reconnaissant fait restaurer et embellir la chapelle (1518).

Cependant en 1570, Liebfrauenberg passait à la maison Hanau. Ces princes favorables aux nouvelles doctrines, ne protégèrent plus ce lieu de pélerinage dont les matériaux furent dispersés. En 1717, relèvement de Liebfrauenberg par les soins des Franciscains de Haguenau qui réussissent à y ramener le public. Véritables hommes du peuple, ces pères restent paisibles possesseurs du pélerinage jusqu'à l'époque de notre grande Révolution. Un souvenir de famille nous rattache à Liebfrauenberg : notre bisaïeul paternel fut le médecin de ces Franciscains.

Acheté au commencement du XIXe siècle par M. Lebel, ce dernier fit réparer la maison conventuelle, qu'il convertit en maison de campagne. Ce domaine entouré de beaux jardins, ayant en outre d'excellentes caves, constitue une des belles habitations de la contrée. A sa mort, celle-ci devint la propriété de son gendre, M. Boussingault le célèbre chimiste. L'ancienne chapelle abandonnée depuis 1790, a servi de laboratoire à ce savant. C'est là en effet que ce dernier a pu pratiquer de nombreuses expériences, loin des curieux et des importuns et, avec un zèle au-dessus de tout éloge. On remarquera dans la petite cour de gauche, un magnifique cèdre du Liban.

La statue de la Vierge de Liebfrauenberg après bien des vicissitudes, a été placée dans l'église de Goersdorf. Une source jaillissante près de l'apparition, passe pour guérir certains maux d'yeux.

L'historique du pélerinage de Liebfrauenberg, a fourni à A. Stoeber le thème d'une poésie en allemand. De son côté, M. le Chanoine Schleininger, dans son Anthologie a publié quelques vers sur le même sujet.

Le Liebfrauenberg au point de vue militaire occupait un des points stratégiques de l'Alsace. Il commandait la vallée de la Saner et c'est par cette vallée qu'en 1870 les Bavarois ont pénétré en France. Depuis la perte de Landau en 1815, notre frontière était ouverte de ce côté là. En

France on n'avait bien songé à construire un fort en ce lieu ; mais aucun gouvernement ne mit ce projet à exécution.

Au bas du Liebfrauenberg se trouve un groupe de maisons désigné sous le nom de Liebfrauenthal. Avant la guerre, la maison Blin de Bischwiller, actuellement à Elbeuf, avait une partie de ses ateliers à Liebfrauenthal. Cette usine est devenue un atelier d'électricité destinée à donner la lumière à Froeschwiller.

La vallée de la Sauer et la vallée de Steinbach, affluent de la Sauer, demandent à être visitées par le touriste qui y verra un certain nombre de ruines de châteaux du moyen âge assez abordables, depuis que le Club vosgien, s'est efforcé d'en faciliter les accès. Toutes ces ruines ne pourront être visitées que dans trois journées, et le trajet ne se fait généralement qu'en voiture.

Dans une première journée, nous gagnerions la vallée de Steinbach en passant par Windstein et le Wienckerthal ; visites des ruines de Lutzelhardt et du petit Arnsberg, dîner à Obersteinbach.

La seconde excursion se ferait par Froeschwiller, Langensonltzbach, Mattshall, Lembach. A 3 kilomètres de cette dernière commune, gagner la vallée de Steinbach en passant le Fannenbruck (pont des Sapins). Visite des ruines de Froensbourg, de Wasigenstein, et, si l'on n'est pas pressé par le temps, celle de Blumenstein. Dîner à Niedersteinbach. En passant par Langensonltzbach on verra encastrés dans le mur qui entoure l'église plusieurs bas-reliefs, statues, etc., trouvés en ce lieu lors de la construction du temple.

Pour varier les plaisirs dans une troisième excursion on suivra la vallée de la Sauer, passant par Lembach, gagnant le nord jusqu'au sentier qui mène au bas de l'important château de Fleckenstein. Dîner à Schœnau et, si on a le temps, visiter encore Lœwenstein ou Lindenschmidt, Hohenbourg, Wigelbourg. Le château de Fleckenstein a donné son nom à un général du premier empire, au général Hatry, baron de Pierrebourg. Une des casernes de Rouen a reçu le nom de caserne Hatry, en l'honneur de ce général.

Direction de Reichshoffen Haguenau. — Nous nous rendons à Reichshoffen en suivant la nouvelle avenue dans toute sa longueur. Arrivé au point où cette dernière croise la route, nous trouvons le cimetière du couvent où est enterrée sa fondatrice. Puis nous passons devant la maison occupée par M. Ch. de Dietrich et devant l'atelier de construction de M. Holcroft, ingénieur mécanicien ; nous ne tardons pas à arriver à Reichshoffen.

A l'entrée du bourg et sur la droite une petite chapelle de modeste apparence. Des renseignements communiqués à M. Matthis, il résulterait que cette chapelle a été construite vers 1451 après la victoire des Lichtenberg sur les Linange tant pour remercier le Ciel de sa protection, pour les vainqueurs que pour prier pour le repos de l'âme des morts du 5 juin. Un service de fondation se célébrerait chaque année, le jour anniversaire de la bataille. Cette chapelle est dédiée à Saint-Christophe que l'on représente comme un passager des rivières portant un enfant sur ses épaules. Différentes hypothèses peuvent être faites à ce sujet.

Le pont que nous traversons ensuite, sépare le faubourg de la ville proprement dite. L'église avec son caractère imposant, se présente de suite à nos regards ; son clocher a été bâti en 1772, par les soins du baron J. de Diétrich alors seigneur de Reichshoffen. Son élévation est telle qu'il fut atteint par la foudre en 1846. Le fluide électrique occasionna la mort d'un des sonneurs : c'était un dimanche à vêpres, au moment où l'on chantait le *Magnificat* qu'il est d'usage d'accompagner du son des cloches. Depuis cette époque un paratonnerre a été installé contre l'église, et pareille catastrophe ne s'est plus reproduite.

Dans l'intérieur de l'église une copie d'un des célèbres travaux de Raphaël, dont on pourra voir l'original au Louvre, *Saint-Michel terrassant le démon*. Il y a quelques années on avait installé une roue sur l'un des contreforts de l'église pour permettre aux cigognes d'y nicher. Ces utiles volatiles vinrent donc s'y établir ; mais l'église ayant été par trop souillée par elles, la roue fut enlevée.

Le cimetière est attenant à l'église. On y verra le monument élevé aux victimes de la bataille du 6 août, la chapelle de la famille Singer, plusieurs tombes en granit et en marbre, mais surtout la concession de la famille de Bussierre dominée par la reproduction du groupe *des âmes du purgatoire* de Montligeon (Orne). Cet ensemble, taillé dans le grès bigarré rouge de la contrée, représente deux enfants à genoux et implorant la Sainte-Vierge. Rien de plus charmant et de plus naturel que la pose et l'expression des figures de ces jeunes personnages.

Nous reprenons notre route en droite ligne et arrivons au château construit en 1769 par J. de Dietrich, à l'époque où ce dernier acheta la seigneurie de Reichshoffen confisquée sur le prince de Vaudemont. Cette demeure princière remplaçait celle qui avait été bâtie au XIIIe siècle et dont les murs, baignés par la rivière, formaient avec ceux de la ville une enceinte continue autour de la cité.

Notre grande révolution ayant confisqué les biens de la noblesse, le château fut acheté par M. Jacques Mathieu, le diplomate (frère de Mathieu Faviers) connu aussi sous le nom de Mathieu de Reichshoffen (voir Larousse), puis revendu plus tard à M. Renouard de Bussierre, en faveur duquel cette terre a été érigée en vicomté.

Depuis le XVIIIe siècle, plusieurs événements intéressants se sont passés au château de Reichshoffen. En 1779, le prince régnant de Vassau Sarrebrück y accepte des fêtes brillantes pour célébrer le mariage de son fils avec la princesse Maximilienne de Montbarcy. On y convia toute la province : ce fut magnifique. Les chasses, les repas, les promenades en voiture durèrent trois jours. Abandonné de ses maîtres à l'époque de notre révolution, le château fut néanmoins gardé pour empêcher tout acte de vandalisme par une compagnie de bourgeois de la ville. Puis en 1817, c'est Wellington à l'occasion d'une revue passée dans les plaines de Gundershoffen qui y dîne en compagnie de son état-major. Un incident survenu à cette occasion et narré par Gérard dans son *Alsace à table*, mit dans le plus grand embarras le maître d'hôtel qui sut tout de même s'en tirer à son honneur.

En 1848, le jour de Pâques, nous voyons les habitants de Reichshoffen, châtelain, maire et curé en tête venir à Niederbronn, donner leurs votes pour l'élection de la Constituante. L'état de trouble politique de 1851, permet à un aventurier de se faire passer pour Louis XVII et d'être reçu au château. Ajoutons que ce dernier fut désavoué par la duchesse d'Angoulême. Dans la dernière guerre, un drapeau français caché dans un sous-sol du château, a pu être rapporté en France *(Figaro)*.

Après la mort du vicomte de Bussierre, le château passa à son fils aîné Marie-Théodore, bien connu dans le monde religieux pour les nombreux écrits qu'il a fait paraître. Voici la liste de ses principales publications :

1º *Les Anabaptistes ;*

2º *Les sept Basiliques de Rome ;*

3º *Charles le Téméraire (Ligue contre) ;*

4º *L'Empire mexicain* (dont les destinées furent si fatales à la France) ;

5º *La Foi de nos pères ;*

6º *Sainte Françoise romaine ;*

7º *Sainte Odile ;*

8º *Guerre des paysans (1525) ;*

9º *Protestantisme, son établissement a Strasbourg et en Alsace ;*

10º *Sainte Radégonde ;*

11º *Sainte Rose de Lima ;*

12º *Schisme portugais dans les Indes* (n'existe plus depuis Léon XIII) ;

13º *Vase (Histoire d'un) ;*

14º *Sainte Vierge (culte et pèlerinage en Alsace).*

Actuellement le château de Reichshoffen est la propriété de son gendre, M. le comte de Leusse, cité avec éloge pour un acte d'héroïsme, dans l'histoire de la guerre de Crimée, par Camille Rousset, Paris (1877).

La ville de Reichshoffen date du moyen-âge, le Reichshoffen des Romains était situé plus à l'ouest, là où se trouve la gare du chemin de fer. Rodolphe de Habsbourg pour y attirer des habitants et pouvoir lutter avantageusement contre les chevaliers qui se livraient à des actes de brigandage, l'éleva au rang de ville en l'autorisant d'y établir des foires et des marchés. Du XIIIᵉ siècle à 1485, Reischshoffen eut comme seigneurs des membres de la famille d'Ochsenstein : quelques-uns d'entre eux furent enterrés dans la chapelle du couvent de Neubourg près de Mertzwiller. Othon II était beau-frère de l'empereur Rodolphe. Ce fut un membre de la famille d'Ochsenstein qui légua à la cité les magnifiques forêts qui lui donnent un beau revenu.

L'émigration des notables de Reichshoffen après la prise de la Bastille et les sentiments royalistes du plus grand nombre de ses habitants furent les causes pour lesquelles cette bourgade ne devint pas chef-lieu de canton à l'époque de la création de ces circonscriptions. Deux fois depuis les Reichshoffenois essayèrent, mais en vain, d'enlever le chef-lieu à leurs voisins : une première fois en 1828, lors du voyage de Charles X en Alsace, une autre fois en 1852, après le coup d'Etat. Comme c'était à prévoir, les considérants invoqués dans les deux cas ne se ressemblaient pas : dans la première requête il était question de la fidélité de sa population à ses souverains légitimes, dans la seconde on invoquait le droit du suffrage universel.

Continuant notre route, nous voyons à un kilomètre plus loin, l'usine de Reichshoffen. Elle fut fondée en 1767. On y façonne le fer, la fonte, l'acier, le bois de mille et mille manières, puis on ajuste tous ces matériaux ainsi travaillés, de manière à former des wagons, ponts, tenders, machines à vapeur, roues de locomotives, turbines, automobiles, canots automobiles, toutes espèces de pièces mécaniques. Ce qui frappe en visitant cette usine, c'est de voir que la main de l'homme n'est pas utilisée pour donner les formes voulues au fer et au bois ; tout se fait au moyen de machines, et l'ouvrier n'est pour ainsi dire que le guide intelligent de la force produite par des mécanismes aussi nombreux que variés. Il y a une quarantaine d'années nous y avons vu fonctionner pour la première fois le marteau pilon inventé par notre cousin Jean Schmerber (de Tagolsheim, Haute-Alsace), qui fut un des brillants élèves de l'Ecole centrale de Paris.

A un quart de lieue plus loin, nous trouvons le village de Gundershoffen, intéressant pour les géologues comme pour les antiquaires. A l'extrémité du village et sur la gauche et dans le lias supérieur nous voyons un ravin où l'on pourra récolter un grand nombre de fossiles. Du côté opposé, une grande plaine sablonneuse où l'on a trouvé une grande quantité de restes d'origine romaine, tels que bas-reliefs, vases, médailles.

M. Alfred Baertsch a établi il y a quelque temps à Gundershoffen, une fabrique de cartons pour photographies.

Jusqu'ici nous n'avons visité que des communes presque exclusivement industrielles, nous allons maintenant nous promener dans un village agricole qui n'a pas été peuplé d'immigrants et dont les mœurs, les costumes n'ont pas varié depuis des siècles. C'est Mietesheim. Nous descendons à la gare du moulin de Griesbach ; nous prenons le chemin de droite et en vingt minutes de marche nous sommes rendus à destination.

Cette commune a un sol des plus fertiles, formé par le loehm ou limon alpin, les habitants y sont donc à l'aise, partout de belles maisons bien tenues, bien propres, avec vastes cours agricoles. Les hommes ont gardé le costume de jadis : bonnets fourrés, culottes, gilets et habits en drap avec multiples boutons ; ils sont généralement de haute taille. L'intérieur des maisons est des plus propres, linge blanc, cuisines bien tenues. Les femmes portent la jupe courte, la taille haute comme les dames du premier Empire, support remplaçant les corsets, chemisettes bien blanches, grands fichus, bras nus, bonnets à papillons.

Pendant plus de 250 ans on a exploité à Mietesheim des mines de fer, mais depuis que la maison de Dietrich a trouvé plus avantage d'abord de se procurer du minerai plus riche, puis d'acheter de la fonte toute préparée, cette exploitation minière a cessé.

Disons deux mots de Pfaffenhoffen situé à 4 kilomètres sud-ouest de Mietesheim. C'est également un village riche ; il s'y tient tous les samedis un marché de grains important. Les paysans qui désolèrent l'Alsace en 1525 ne s'étaient pas trompés en choisissant ce village aisé comme centre, comme base de leur ravitaillement.

Mais revenons à la ligne du chemin de fer. La station que nous apercevons après celle de Griesbach Mietesheim est celle de Mertzwiller. En face la gare, une fonderie, établie en 1838, mais achetée en 1842 par la maison de Dietrich. C'est la seule usine de nos environs qui soit située à distance d'un cours d'eau. On y fabrique des coussinets de chemins de fer, des fourneaux de tous genres et en général des articles plus-petits qu'à Niederbronn.

A 2 kilomètres de Mertzwiller nous voyons les restes d'un ancien couvent de Bénédictins, fondé en 1128. Il n'en reste plus que le mur d'enceinte, la maison où logeait la domesticité, une grange, un hangar. Le cultivateur qui occupe l'immeuble est connu sous le nom de Klosterbauer (cultivateur du couvent). En 1846, il nous souvient d'avoir vu dans l'enclos du cimetière une jolie petite chapelle dont on trouvera la description dans le dictionnaire Baquol Ristelhueber (Dauendorf) et la figure dans le grand ouvrage de Schweighœuser et de Golbéry. On y remarquait aussi un cadran solaire et une fontaine artistement travaillés. Tous ces objets d'art ont disparu sous le marteau de la bande noire. Il est à jamais regrettable que la Société pour la conservation des monuments historiques n'ait pas existé à cette époque. Elle ne fut fondée qu'en 1856. L'histoire du couvent de Neubourg avec la liste de ses abbés depuis sa fondation jusqu'en 1790, a été donnée par Vautier (voir une des premières années de la Revue d'Alsace publiée à Colmar). A. Stoeber, dans une charmante pièce de vers, rappelle l'évènement tragique qui se passa en 1334, au Neubourg, lorsque les paysans en constestation avec l'abbé ne trouvèrent d'autre moyen de vider leur différent que de le lapider jusqu'à ce que mort s'en suivit.

A la lisière de la forêt que nous allons atteindre, forêt de Haguenau, et sur les bords de la route, on verra une croix de bois, indiquant qu'en cet endroit un homme a été assassiné. Nous terminons notre excursion par Haguenau, la ville chérie de Frédéric Barberousse. Nous visitons la belle église Saint-Georges et remarquons dans la nef latérale de gauche la tombe d'un sire de Fleckenstein. Puis nous allons à Saint-Nicolas, peut-être plus remarquable que Saint-Georges, au point de vue purement artistique. Nous y admirerons les belles stalles en chêne, sculptées par les Bénédictins de Neubourg ; le siège, le dos et le ciel sont tous d'un seul morceau.

Nous ne quitterons pas Haguenau sans donner une mention à la famille Derendinger. L'un de ses enfants, notre cousin germain, le général de division de ce nom, est mort à Paris en 1904. Son grand-père paternel fut l'introducteur de la culture du houblon en Alsace, en 1805. Et par là amena sinon la fortune au moins l'aisance chez les habitants de la ville et de ses environs.

Citons pour terminer, le village de Berstein à 2 lieues sud-ouest de Haguenau ; cette commune fut témoin, en 1793, d'un léger avantage de l'armée de Condé sur les colonnes républicaines.

CHATEAUX FÉODAUX EN RUINES DE NOS ENVIRONS

Charlemagne avait réuni sous son sceptre, la France et l'Allemagne. Mais son œuvre n'était pas destinée à lui survivre. Par le traité de Verdun (843), les deux pays se séparent et forment pour toujours des royaumes distincts.

Le régime féodal d'origine germanique s'introduit dans notre pays sous le règne des derniers Carlovingiens. Et dès le xe siècle les charges et les propriétés données aux grands à titre de bénéfices temporaires deviennent héréditaires, et ce, par suite du manque d'autorité des empereurs. Le pouvoir monarchique est à peu près anéanti et l'organisation politique devient quasiment républicaine. Du haut de leurs montagnes où ils établissent leurs refuges, les ducs, les comtes, les barons, les chevaliers descendent de leurs châteaux avec leurs soldats et dépouillent les voyageurs. On voit une foule de nobles devenir chefs de brigands.

Conrad II (1024-1039) règle le système féodal et pour se faire des adhérents contre ses compétiteurs, favorise les petits vassaux au détriment des grands. Frédéric II donne quelque consistance à cet amalgame de souverainetés en corrigeant les abus qui s'y étaient glissés ; mais trop souvent absent de ses états il ne put s'opposer efficacement à la prépotence de ses vassaux. L'interrègne 1250-1273 ne fit qu'augmenter les maux produits par le système féodal. Rodolphe de Wabsbourg (1273-1292) en montant sur le trône guerroye contre les seigneurs pillards, fait pendre les plus turbulents disant que ceux qui dépouillent les voyageurs et les commerçants violent les lois divines et humaines et ne sont pas dignes de figurer dans le corps de la noblesse. Il affranchit un grand nombre de communes qui ne devaient dépendre que de lui comme nous l'avons vu à propos de Reichshoffen, leur accorde certains privilèges pour y attirer les habitants et pouvoir ainsi lutter contre la puissance des seigneurs.

Cet état de choses ne devait pas durer. Les rivalités entre les candidats à l'Empire, la révolte des Suisses, la faiblesse de certains souverains, toutes ces causes réunies ramènent l'anarchie en Allemagne. Sous le règne de Charles IV (1346-1378) le pays est de nouveau troublé, et l'empereur laisse aux villes (Strasbourg et Haguenau) le soin de rétablir l'ordre public.

Enfin Maximilien, par le traité de Worms de 1495 établit la paix publique, abolit le droit du plus fort et institue le tribunal impérial chargé d'en garantir l'observation. Mais déjà l'invention de la poudre à canon par Berthold Schwartz (1354) rend illusoire la sûreté des seigneurs dans leurs châteaux forts.

L'histoire de tous ces châteaux étant assez embrouillée nous donnons dans un tableau les dates de leur construction et de leur destruction, l'état actuel des ruines, les noms de leurs principaux habitants et aussi les noms de leurs propriétaires actuels.

CHATEAUX FÉODAUX EN RUINES

DES ENVIRONS DE NIEDERBRONN

SITUATION	Construction — Destruction	PRINCIPAUX HABITANTS	FAITS REMARQUABLES	DÉBRIS DES CHATEAUX	Propriétaires Actuels
Direction de Bitche					
1. Wasenbourg	1196 1677	Born	Inscription romaine	Fenêtres, balcons, cheminées, corniche, tête sculptée, en haut relief	Etat.
2. Falkenstein	1128 . . . 1566 et 1677	Comtes de Falkenstein	Légende du tonnelier	Murs, chambres, petites fenêtres	Etat.
3. Waldeck	XIIIᵉ siècle . . . 1680	Lichtenberg et leurs successeurs	Vengeance d'une épouse trompée	Tour carrée, chambre dans le roc	Etat.
4. Ramstein	1290 1336	Chev. Ramstein ✝ 1569	Brigandages	Quelques chambres	Etat.
Direction d'Oberbronn					
5. Grand-Arnsbourg	1220 . . . 1525 et 1680	Chevaliers d'Arnsbourg	Légendes du vin et du jeu de quilles	Peu de restes	Etat.
Direction de Jaegerthal					
6. Vieux-Windstein	1212 1334	Windstein et Durckheim	Souterrain entre les deux châteaux	Cellier, citerne, escalier	Famille de Dietrich.
7. Nouveau-Winstein	1334 . . 1435 et 1676	idem		Tour carrée	id.
8. Schœneck ou Fischerschertschloss	XIIIᵉ siècle 1280 et 1677	S. de Schœneck et Durckheim	Légende Cunon, brigandages	Tour ronde, balcon, caves	id.
9. Wineck	1285 1677	Dépendance de Schœneck		Tour élevée, murs	id.
10. Windeck ou Wittschloessel	1200 . . XIVᵉ s. 1677	idem		Peu de restes	id.
11. Hohenfels	1203 . . . 1423 et 1677	B. d'Ettendorf, seigneur de Hohenfels		Chambres, citerne, balcon	id.
12. Rothenbourg	900 1360	Oibert, évèque de Strasbourg	Assassinat de cet évèque, 913	Quelques restes de murs	Etat.
Vallée de Steinbach					
13. Lutzelhardt ou Fitzhart	1300 1600	Chev. de Lutzelhardt	Empr. de Walther de Geroldseck	Tour, citerne, rocher	Etat.
14. Petit-Arnsbourg	1260 . . 1335 et G. 30 ans	Chev. de Wasgenstein	Brigandages		id.
15. Wasgenstein	1272 . . G. 30 ans et 1680	Chev. de Wasgenstein	Légende des Nibelungen	Chambres, tour, fenêtres, citerne	id.
16. Blumenstein	XIIᵉ siècle . . . 1525	Chev. de Blumenstein	Légende des fleurs	Citerne, chambre, mur, escalier	Bavière.
17. Freundsbourg (ch. des 2 frères amis)	1260 . . 1350 et 1677	Chev. de Freundsbourg	Brigandages	Tour	Etat.
Vallée de la Sauer					
18. Fleckenstein (pierre tachée)	1120 . . 1276 et 1680	S. de Fleckenstein ✝ 1720	Famille de Fleckenstein, (notable de la contrée) et Baron Halry de Pierrebourg	Murs, tour, escalier, salle souterraine	Famille de Dietrich.
19. Lindenschmitt ou Lewenstein	1250 . . 1282 et 1396	S. de Lindenschmitt	Terribles brigands	Peu de restes	Etat.
20. Hohenbourg	1262 . . 1523 et 1680	Puller de Hohenbourg	Légende et Fondation de l'hôpital de Strasbourg	Tour, arcs de portes, armures dans le sous-sol	Etat.
21. Wegelbourg	XIIᵉ siècle . . . 1272	S. de Wegelbourg	Légende (rocher du Crapaud) Pendant le siège on s'est servi de barillets remplis de matières fécales	Peu de restes	Etat.

HISTOIRE NATURELLE

Géologie

BASALTE. — En allant par la route de Reichshoffen à Gundershoffen et gravissant la colline qui se présente à notre gauche on aperçoit sous une couche de sable limoneux de plusieurs décimètres d'épaisseur un amas de basalte qui s'étend sur une surface de 500 mètres en tout sens. Cette éruption est postérieure au lias. La roche n'a pas la forme cristalline comme celle que l'on peut voir dans le département de l'Ardèche, ce qui nous prouverait que son dépôt ne s'est pas fait lentement. Employé pour l'empierrement de nos routes le basalte par la présence du silicate de fer est plus dur que le muschelkalk communément utilisé dans ce but. Aussi le milieu de la route de Niederbronn à Reichshoffen, par exemple, est-il empierré avec le basalte et les côtés avec le calcaire coquillier de nos environs.

GRANITO-SYÉNITE. — En allant de Jaegerthal au moulin de Windstein on rencontre une couche de granito-syénite de 2 kilomètres de long sur 500 mètres de large. On y trouve les deux roches et toutes leurs variétés intermédiaires. Le granite de Windstein n'est guère employé : on ne s'en sert que comme pierre d'ornement.

VIEUX GRÈS ROUGE. — Rothes Todtliegendes des Allemands, pierre morte rouge, ainsi dénommée parce que les ouvriers n'y ont rencontré ni minerai, ni houille, ni fossiles. Cette roche se voit sur le chemin qui conduit du moulin de Windstein au château ; superposée au granite elle est épaisse de dix mètres.

GRÈS VOSGIEN. — Constitue la trame de nos montagnes : c'est une roche arénacée, friable, rougeâtre, renfermant de distance en distance des cailloux, ne se prête pas aussi bien vu la grosseur de ses grains à toutes les délicatesses de la sculpture et s'effrite facilement. Fossile : un spirifère dévonien (Musée de Strasbourg).

GRÈS BIGARRÉ. — Se distingue du vosgien non seulement par sa finesse, mais encore par la présence du mica qui lui donne un aspect miroitant. Très souvent employé dans les constructions, résiste aux injures de l'air et prend avec le temps une teinte d'un brun noirâtre. Fossiles : calamites, arenaceus, empreinte d'une grande fougère trouvée en 1867 à Baerenthal.

MUSCHELKALK. — Peu développé à Niederbronn. Couche supérieure à Oberbronn ; étage inférieur derrière la maison Holcroft ; au-dessous de cette couche, argiles et vertes avec gypse et sel gemme (entre autres dans les vignes de Niederbronn).

Notre source se minéralise dans un lambeau de muschelkalk entouré de grès bigarré à 200 mètres de profondeur. Fossiles : Encrinites liliiformis, ceratites nodosus, plagiostomas, Terebratula vulgaris, pemphyx Sueurii et spinosns ; parmi les poissons : Gyrolepsis maximus, placodus gigas ; reptiles : ossements et dents de Nothosaurus.

Placé horizontalement de manière à retenir l'eau de pluie, le muschelkalk est assez fertile.

MARNES IRISÉES OU KEUPER. — Le keuper qui forme la dernière couche du trias est peu développé en Alsace. Chez nous on le trouve entre Oberbronn et Zinswiller. Il se trouve là séparé du grès liatique par une couche de faible épaisseur de dents de poissons et de sauroïdes.

LIAS. — Inférieur. Entre Oberbronn et Zinswiller grès liasique ;

2e couche. — Woerth, Zinswiller couche de gryphaea arcuata et ammonites de la famille des ariétides ; calcaire liasique donnant chaux hydraulique ;

3e couche. — Uhrwiller, gryphaca cymbium, assise calcaire, pyrite de fer, ammonites Engelhardti ;

Moyen. — Vignes et forêts d'Uhrwiller, mines de fer, Belemnites acuarius ;

Supérieur. — Gundershoffen très développé, 15 mètres d'épaisseur, trigonia navis ;

Le sable qui provient de la désagrégation du grès du lias est employé pour le montage des objets en fonte ; on le trouve entre Oberbronn et Zinswiller.

LAVAGE DILUVIEN. — Entre Zinswiller, Uhrwiller, Offwiller, Mulhausen, lavage formé de débris du lias, contient des dents et des ossements de mastodontes, de chevaux, de tapirs et des ovoïdes ferrugineux. Ce minerai plus phosphoreux que le minerai en grains n'est employé que pour la fabrication d'objets qui ne demandent pas une grande solidité ; il a reçu le nom de mine plate, est exploité à ciel ouvert et donne un tiers de sel de fer, employé à Zinswiller.

Oolithe. — Inférieur à Mietesheim et à Bitschofen. Mine pisolithique donnant 27 % d'hydrate de peroxyde de fer. Le calcaire de cet oolithe est exploité comme pierre à bâtir.

Terrain tertiaire, source et puits de pétrole.

Le touriste qui visite le champ de bataille de Woerth et qui pousse jusqu'à la Bruckmuhle se croit transporté en Galicie ou dans l'Amérique du Nord quand il aperçoit cette masse de darricks couvrant les puits de pétrole.

Une source dont l'eau est chargée de bitume et qui jaillit dans une prairie près de Bechelbronn a été l'occasion de la recherche du pétrole dans notre contrée. Déjà au XVIe siècle les paysans se servaient de bitume de Bechelbronn pour alimenter les lampes et graisser les voitures. La recherche du pétrole par le creusement du sol ayant amené des accidents en 1845 on renonça à ce mode de recherche de l'huile. Ce ne fut qu'en 1859 que l'Américain Drake employa pour la première fois le système usité pour les puits artésiens. Par cette nouvelle méthode il supprimait non seulement les ouvriers de fonds mais il amenait encore une plus grande quantité de liquide.

L'on sait que le pétrole brut doit subir une série d'opérations d'épuration pour être employé sans péril. Débarrassé de ses principes les plus actifs le reste constitue la matière d'un éclairage économique.

A Bechelbronn l'on rencontre le pétrole dans le terrain tertiaire, nymphéen et tritonien de certains auteurs, ou encore étages éocène, oligocène, pliocène, pleistocènes de nos géologues modernes. On le trouve dans le voisinage des mers, des lacs, des bancs de sel gemme, des débris de végétaux l'accompagnent. On suppose que c'est la combustion lente des végétaux qui produit le pétrole. On peut comparer sa production à celle qu'on obtient en brûlant du papier (huile de papier). En Alsace le pétrole se montre à une profondeur qui varie entre 10 et 200 mètres.

Flore. — Dans le Bulletin de la Société des sciences naturelles d'Elbeuf (1888) nous avons mentionné les plantes les plus curieuses et les plus rares de Niederbronn et de ses environs. Dans la première édition de l'ouvrage de mon père se trouvent également la liste de nos principaux végétaux. On consultera aussi pour l'Alsace la flore de Kirschleger et pour la Lorraine les ouvrages de Godron de Hollandre et de Schultz.

Mentionnons cependant quelques plantes spéciales à nos montagnes. Parmi les crucifères, l'Arabis arenosa est une plante particulière à nos bois. Signalons encore Ranunculus flammula au château du vieux Windstein, rubus idaeus au Riesacker, Daphne cneorum (Thymélées) à Bitche ; Illecebrum verticillatum également à Bitche ; vaccinium oxycoccos à baies rouges comestible à Oberbronn ; equisetum telmateya à Gundershoffen. Parmi les fougères ophioglossum vulgatum (Oberbronn, Haguenau, Bitche) ; osmunda regalis à Oberbronn. L'asperula odorata (Rubiacées) qui fleurit dans nos bois en Mai est assez commun dans nos montagnes ; connu sous le nom de maître des bois (Waldmeister) c'est avec lui que l'on prépare le fameux vin de Mai à Heydelberg par exemple.

Comme plantes médicinales signalons acorus calamus (étang de Niederbronn) ; arnica montana (vallée de Dambach) ; berberis vulgaris (bois de Froeschwiller) ; conium maculatum (Lieschbach) ; Drosera rotundifolia (lieux humides et sabloneux) ; lycopodium clavatum (forêts) ; Menyanthes trifoliata (vallée de Dambach) ; nepeta cataria ; phellandrium aquaticum (Philippsbourg) ; polygonum bistorta (près humides de Reichshoffen) ; rhamnus catharticus (Oberbronn) ; sambucus racemosa (Philippsbourg) ; hyosciamus niger (nouveau Windstein) ; melissa officinalis (Oberbronn) ; gentiana amarella (entre Niederbronn et Rauschendwasser).

Vigne. — La vigne, apportée en Gaule par les Phocéens, prospérait sur notre territoire lorsque l'empereur Domitien, 92 ans après Jésus-Christ, craignant que sa culture ne nuisît à celle des céréales fit arracher toutes les vignes. Ce fut seulement deux siècles après que l'empereur Probus rendit aux Gaulois la liberté de la planter. En 1556, à la suite d'une disette survenue en France, Charles IX ordonne que les vignes ne pourraient occuper que le tiers du terrain dans chaque canton.

La vigne constitue une des richesses de l'Alsace, et très souvent on fait passer pour vins du Rhin ceux de notre province. La vigne est d'un bon rapport et à Oberbronn donne 5 du cent du capital engagé. Le vin rouge de pays nous est fourni par le pineau noir. Quant au chasselas il fournit un vin peu estimé ; mais il constitue le véritable raisin de table.

CÉRÉALES. — L'Alsace produit une quantité de blé supérieure à la consommation de ses habitants ; mais le canton de Niederbronn, à l'exception de quelques communes, est d'une fertilité médiocre ; on y importe donc une certaine quantité de froment (20.309 hectolitres). Ses terres labourables, comme nous l'avons vu, n'occupent que le tiers de la superficie du canton. L'hectare de froment rapporte 16 hectolitres, l'orge 20, le seigle 18, l'avoine 26, les pommes de terre 138.

Le maïs (Welschkorn) fut introduit en Alsace au milieu du XVIe siècle ; le sarrasin ou Heydenkorn (Polygonées) cultivé surtout à Baerenthal, fut planté pour la première fois dans notre pays au XIIe siècle au retour des croisés. Signalons encore l'échalotte ainsi nommée en l'honneur de la ville d'Ascalon, que nos chevaliers rapportèrent de l'Orient à l'issue des croisades.

Nous devons une mention spéciale au Brome de Schrader cultivé à Reichshoffen et importé de l'Amérique du Nord en France en 1865. C'est une graminée vivace, plante fourragère, qui vient très bien sur tous les sols, et peut donner 4 à 5 coupes en vert par année ; elle donne de l'herbe en abondance, et ses graines sont utilisées avec avantage comme succédanées de l'avoine.

CULTURES DIVERSES. — La garance introduite en France par le persan Althen (1700-1774) est cultivée en grand à Haguenau ; il en est de même du houblon. Le tabac en Alsace n'est cultivé que dans certains cantons. Remarquons encore le prunier à pruneaux, variété germanica du prunus domestica ou *quetsche* particulier à notre province, cultivé en plein vent, fruit violet ellipsoïde, bois rouge, mûrit en septembre, et donne de bonne eau-de-vie.

Signalons encore les choux blancs pommés qui nous donnent la choucroûte, le chou rouge, le chou rave tous produits particuliers à l'Alsace. Le pommier à cidre aigre de Normandie, n'y est pas cultivé.

Nos forêts sont pour la plupart peuplées de hêtres, de chênes, de pin sylvestre ; le sapin est plus rare ; puis ce sont le merisier, le pommier et le poirier sauvages, le châtaignier à petits fruits cultivé sur la pente de nos Vosges (à Oberbronn et à Offwiller).

Faune. — En 1828, le professeur Hammer (de Strasbourg) donnait la faune de l'Alsace (classification de Cuvier). Nous allons la suivre en soulignant les animaux propres à notre canton et ajoutant quelques remarques propres au sujet.

CHEIROPTÈRES *ou chauve souris.* — Insectivores ; 6 espèces de vespertilions ;

CARNIVORES. — Le chat sauvage (dans nos forêts) ; le chien (22.903 en basse Alsace) ; loup (rare) ; renard ; 5 espèces de mustela ; loutre ; furet.

PLANTIGRADES. — Blaireau. Le dernier ours brun des Vosges a été tué au XVIIIe siècle.

INSECTIVORES. — 5 espèces de musaraignes ou sorex ; hérisson ; taupe ;

RONGEURS *claviculés.* — Ecureuil ; 7 espèces de mus parmi lesquels le hamster commun et le rat fouisseur des Alsaciens, 3 myoxus (loir, lérot, muscadin) ;

Non claviculés. — Le lièvre, le cochon d'Inde ; le lapin (inconnu à Niederbronn).

PACHYDERMES. — Solipèdes : cheval (40.500 en basse Alsace). La race en est belle ; l'Alsacien est bon cavalier il aime passionnément les chevaux. Au XVIe siècle on voyait encore des chevaux sauvages dans nos montagnes ; ânes, mulets. — Bisulques : sanglier, cochon (95.883 en basse Alsace).

RUMINANTS. — Cervidés à cornes pleines et caduques : chevreuil, cerf (rare). — Cavicornes (cornes creuses et nues) : Chèvres 6.470 en basse Alsace ; moutons, 92.840 ; bœufs 183.511. Dans notre pays de montagnes on se sert comme dans le Morvan, de bœufs pour le labour. Depuis quelques années le système du joug a été remplacé par celui des rênes ou des traits fixés aux cornes.

Nous remarquerons que dans le temps l'auroch habitait nos Vosges, et que c'est sa présence dans notre contrée qui leur a fait donner le nom qu'elles portent. Les trois mots celtiques gou ou vou, guez sauvage et us montagnes, signifient montagne habitée par les bœufs sauvages, ou encore aurochsengebirge. On ne confondra l'auroch ni avec le bison, ni avec le buffle. Au Muséum de Paris, on pourra voir l'un à côté de l'autre l'auroch, le bison, le buffle. L'auroch de nos jours ne se trouve plus qu'en Lithuanie.

D'après Daubrée on aurait trouvé dans les tourbières de Bischwiller un crâne d'auroch.

OISEAUX. — 14 espèces de faucons, 6 de hiboux, grande outarde, 3 pluviers, 2 tringas, coure-vite, 8 ardeas (grues, hérons), courlis vert, 9 scolopax (bécasses), échasse, 3 râles, poule d'eau, foulque, flammant (de passage), 4 maubiches, cigogne blanche (en 1905 apparition des cigognes à Strasbourg le 19 mars); pie grièche, gobe-mouches, 5 espèces de merles, loriot, merle d'eau, 23 espèces de motacillas (becs fins) parmi lesquels le rossignol, 2 espèces d'anthus ou farlouses, 4 hirundo (hirondelles), l'engoulevent, 2 alauda (alouettes), 6 mésanges, 6 espèces de bruants, 10 fringilla (moineaux), 7 loxia (gros becs), étourneau commun, 8 corvus, torche-pot commun, huppe commune, martin pêcheur, rollier, 2 grimpereaux, 5 picus, torcol, coucou, le paon, le coq, le faisan, la pintade, dindon, 5 tétraos parmi lesquels le *coq de bruyère* la *gélinotte*, les perdrix rouge et grise, la caille.

5 colombas ou pigeons, 3 colymbus ou grèbes, larus canus ou mouette, cormoran, 20 anas (cygne, oie, canard), macreuse, sarcelle, 3 mergus ou harles.

REPTILES. — 5 lacertas, 2 ophidiens (orvet, couleuvre à collier), 12 batraciens, 2 salamandres (maculata et atra), 2 tritons (cristatus et taeniatus). On ne rencontre pas de vipères en Alsace.

POISSONS. — 3 petromyzons, esturgeon (Rhin), 5 salmos, alose du Rhin ou Maifisch, brochet, 10 cyprins, 3 cobitis, silurus glanis, lotte, anguille, perche, chabot, 2 epinoches.

MOLLUSQUES. — 4 limax, 8 helix, bulomus de collatus et radiatus, planorbe corné, grand buccin des étangs, vivipare à bandes, moules d'étang et de rivière, trois myas (pictorum, littoralis, margaritifera), tellina cornea.

Amélides. — Ver de terre, 3 hirudos, dragonneau aquatique.

Crustacés. — Ecrevisse commune, 2 cloportes, apus cancriforme, pisciforme et prolongé, daphné puce, cyclops-quadricorne, polyphème pou.

Arachnides. — 9 araneas, 2 phalangium, tique rouge satinée, 13 acarus, mite des insectes.

Insectes. — 8 myriapodes, 3 thysanoures, 0 parasites, 1 suceur, 254 coléoptères, 16 orthoptères, 46 hémiptères, 16 névroptères, 81 hyménoptères, 183 lépidoptères dont 35 diurnes, 25 crépusculaires, 123 nocturnes, 109 diptères.

Entozoaires. — 14 espèces.

Pour la faune entomologique de notre pays nous devons mentionner particulièrement les recherches d'un observateur de la région l'abbé Kieffer (de Bitche). Ce savant a fait paraître des travaux importants sur les cécidies produites par les insectes. Par cécidie on entend toute déformation d'une plante produite par la réaction de celle-ci contre l'invasion d'un parasite. M. Kieffer a fait paraître les *Dipterocécidies de Lorraine*, Paris, 1891, puis les *Hyméno — Hémiptéro — Coléoptéro — lépidoptéro et acarocécidies.*

Pêche. — Les amateurs de la pêche à la ligne trouveront à Niederbronn beaucoup d'endroits où ils pourront se livrer à leur pacifique distraction. Ils auront le choix entre les eaux dormantes des étangs, les eaux courantes de nos ruisseaux et la rivière à la hauteur des abattoirs, où les résidus des animaux attirent les poissons en grand nombre. Et depuis que le Falkenstein a été reempoissonné, on courra la chance de prendre des truites en grand nombre.

Chasse. — Les montagnes boisées occupent une grande partie de la banlieue. On y trouve : le sanglier, le chevreuil, le lièvre (pas de lapin), la gélinotte, le coq de bruyère, les perdrix, etc. Les chasseurs trouveront donc l'occasion de se livrer à cette agréable et hygiénique distraction ; seulement comme nous sommes dans un pays de montagnes ce sera pour eux un plaisir fatiguant. Les chasses à courre n'y sont pas possibles.

Le chasseur étranger muni de son permis s'informera au préalable si dans le district qu'il se propose de parcourir la chasse n'est pas louée, ou bien si la forêt n'appartient pas à un particulier. Le mieux sera de se faire inviter par quelque Nemrod indigène qui se fera un plaisir de l'accompagner ou simplement celui de lui donner les renseignements nécessaires.

La plus grande partie des forêts de la banlieue de Niederbronn appartient à la ville, quelques unes à l'Etat (celle de Wasenberg), d'autres à des particuliers.

Distractions, excursions. — Niederbronn est visité, année commune, par 2.000 étrangers, laissant dans le pays 250.000 francs. Elle est le rendez-vous d'une société venant de l'Alsace, de la France, de l'Allemagne, de l'Angleterre. C'est avant tout un bain honnête, un bain de famille, la mère la plus vertueuse peut y conduire sa fille, les Laïs ne le fréquentent pas ; on y voit un certain nombre d'ecclésiastiques. Chacun vit ici à sa guise, et les toilettes tapageuses n'y sont pas de mode.

Les distractions n'y manquent pas : musique deux et trois fois par jour ; orchestre de choix, composé des principaux artistes du théâtre de Strasbourg ; concerts ; bals ; lawn-tennis ; feux d'artifices ; illuminations ; centre de réunions fréquentes de sociétés de musique, de gymnastique, etc. Mais c'est surtout comme point de départ d'excursions que Niederbronn mérite d'être cité.

D'abord les promenades à proximité : promenade centrale, nouvelle avenue, côteau du Herrenberg (au XVIIIe siècle, jardin de plaisance des seigneurs de Niederbronn) exposé au nord ; la Neumatt, allée des Tilleuls.

Promenades un peu plus éloignées et toujours pour les piétons : la maison forestière de Heydenkoft et le Riesacker ; la ruine de Wasenbourg ; le roi de Rome ; les Trois-Chênes ; les sources du Nil ; l'enceinte Celtique ; Oberbronn ; grand Arnsbourg ; Reichshoffen.

Promenades en voitures : champ de bataille de Wœrth ; Jaegerthal, Windstein, Schœneck, Wineck, Windeck ou Wittschloessel, Stürtzelbronn ; les châteaux de la vallée de Steinbach, Fleckenstein et ses châteaux satellites ; Zinswiller, Lichtenberg, Bouxwiller.

Par chemin de fer Philippsbourg : Falkenstein, Bacrenthal, Bannstein, Waldeck, étang de Hanau, Mouterhausen, Bitche, Lemberg, Saint-Louis, Mietesheim, Mertzwiller, Haguenau.

Nous avons visité quelques villes d'eaux et quelques stations de bain de mer parmi lesquelles nous citerons : Aix-la-Chapelle, Baden-Baden, Bade (Autriche), Cabourg, Cannstatt, Dieppe, Ems, Evian, Hombourg, Kreutznach, Soden, Spa, Trouville, Wiesbaden et nous pouvons affirmer que sous le rapport du site et des environs, Niederbronn peut le disputer avec Baden-Baden et Evian qui sont pour nous des stations modèles.

Pour terminer, formulons quelques vœux. Les cabinets de la promenade devraient disparaître, et être remplacés par d'autres à chasse d'eau, sans sièges, le tout en faïence avec supports pour les mains tels que ceux que nous avons été à même de voir à l'Hôtel Moderne d'Orléans. Créer un champ de tir dont il a été question il y a une trentaine d'années ; consacrer un des salons du rez-de-chaussée du Wauxhall à un lieu de réunion de manière que les personnes peu ingambes puissent le fréquenter ; ne pas établir de restaurant au Wauxhall tant que son agrandissement n'aura pas été décidé. Le tenancier de l'établissement ne devra s'occuper que des plaisirs à procurer aux visiteurs surtout par les temps de pluie : établissement d'un guignol lyonnais ou représentation l'après-midi de petites pièces de vaudevilles, etc., demander l'autorisation d'introduire le jeu des petits chevaux avec enjeux modiques. Je ne saurais assez insister sur le fait d'amuser un public désœuvré pendant les mauvais temps.

MÉDECINE   *Publications du même auteur*

1861.   Du sang, de ses fonctions et plus particulièrement de l'importance de ce fluide considéré comme excitateur de l'action nerveuse, Paris, Rignoux ;

1862.   De la cure de petit lait dans le traitement des maladies chroniques, Strasbourg, Silbermann ;

MÉDECINE

1865. Du traitement de la congestion et de l'apoplexie
cérébrales par les eaux minérales employées
à l'intérieur, Strasbourg ;

1866. Etudes cliniques sur les eaux de Niederbronn,
Paris et Strasbourg, Berger-Levrault ;

1868. Du traitement de la cholélithiase par les eaux
chlorurées, même maison ;

1869. Du traitement des cancroïdes par double cauté-
risation. *Gazette méd. de Paris*, no 44 ;

1875. Nouveau procédé de réduction des luxations
scapulo-humérales. *Gaz. méd. de Paris*, no 45 ;

1876. Traitement de l'apoplexie cérébrale par les
eaux de Niederbronn. *Gaz. méd. de Paris*,
nos 40 et 45 ;

1879. Berlin en 1861, Souvenirs de voyages. *Gaz. méd.
de Paris*, nos 35, 36, 37 et 38 ;

1894. Du traitement du torticolis par l'extension
intermittente dans le décubitus horizontal.
Normandie méd., no 2 ;

1895. Pecquet (de Dieppe). *Normandie méd.*, no 23 ;

1897. De l'association de l'acide chronique à l'acide
arsénieux dans le traitement des cancroïdes
de la peau. *Gaz. méd. de Paris*, no 5 ;

1897. Du traitement des fractures de la cuisse par la
flexion combinée à l'extension. *Normandie
méd.*, no 1 ;

1897. Documents pour servir à l'histoire de la chirurgie
rouennaise (Laumonier, les Flaubert).
Normandie méd., no 23 et 1898, no 1 ;

1898. Opération de hernie crurale étranglée, emploi
de l'eau bouillie, guérison. *Normandie méd.*,
no 14 ;

Corps étrangers dans le rectum : un grand
nombre de coquilles de noisettes retirées de
l'intestin, guérison. *Normandie méd.*, no 14 ;

1904. Alphonse Leroy et l'ancienne Maternité de
Rouen. *Normandie méd.*, no 3.

Histoire Naturelle   (Voir le Bulletin de la Société des Sciences Naturelles d'Elbeuf)

1888. Géologie, flore, faune de Niederbronn et de ses environs ;

1889. Notice sur Charles Martin (1806-1889) et sur les Jussieu ;

1890. Notice sur Strauss de Dürckeim ;

1891. Note sur la pisciculture ;

1892. Elude sur les Eaux de la Seine-Inférieure et de la Ville d'Elbeuf ;

1894. Notice sur Boussingault, Blainville et Lamarck ;

1897. Notice sur F.-A. Pouchet et sur Flourens père ; Cuvier dans la Seine-Inférieure ;

1898. Les Iguanodons de Bernissart (Belgique) ;

1898. Maladies transmissibles des animaux à l'homme ; Notice sur E. et J. Geoffroy Saint-Hilaire ;

1899. Note sur le sel gemme et sur le carbonate de chaux ; Notice sur Buffon ;

1901. Note sur l'artichaut d'Espagne ;

1902. Notice sur les Schimper ;

1903. Notice biographique sur Louis Agassiz ;

1904. Duméril père à Paris et à Rouen ;

1905. Jules Cloquet à Rouen et à Paris ; Notice sur deux naturalistes hâvrais Dicquemare et Lesueur. (En cours de publication).

Variétés. — *Niederbronn et ses environs.* Paris et Strasbourg, Vve Berger-Levrault, 1re édition 1865, 2e édition 1866 ;

Histoire de Bitche. — *Ehrsam.* — *Niederbronn 1899 ;*

Discours prononcé en 1905 à Paris à l'occasion de la réunion des Anciens Elèves de Strasbourg ;

Evian-lès-Bains (*Haute-Savoie*) 1905. Elbeuf, Crepel. 47 pages.

Publications du Docteur J. Kuhn, médecin-inspecteur, membre-correspondant de l'Académie de médecine de Paris, chevalier de la Légion d'honneur.

HYDROLOGIE. — 1° Les eaux de Niederbronn, trois éditions, Paris et Strasbourg, 1835, 1854, 1860 ;

2° De la médication purgative en général et des eaux minérales purgatives en particulier, *Gazette médicale de Paris*, 1856, n°s 20 et 21 ;

3° Du phénomène de l'endosmose au point de vue de la médecine thermale. Même journal, 1854, n°s 4, 6 et 8 ;

4° De l'inspectorat médical des établissements de bains. Même journal, 1864, n° 6 ;

5° De l'influence de la température des liquides sur l'absorption, et de la nécessité d'adopter dans la médecine thermale une autre base thermométrique que le point de congélation des physiciens. Même journal, 1853, n° 3. (L'auteur propose l'expression d'indifférente pour désigner la température d'un bain qui n'est ni trop chaud, ni trop froid. Cette température variable selon les personnes est à quelques degrés au-dessous de la température du sang, et le mot a été depuis adopté dans la science) ;

6° Statistique des maladies et des résultats thérapeutiques observés à l'établissement de Niederbronn pendant la saison de 1852. *Gazette médicale de Strasbourg*, 1853 ;

7° De la spécificité d'action des eaux. *Revue d'hydrologie de Strasbourg*, 1858, n° 3 ;

8° De l'importance de l'eau considérée comme moyen de thérapeutique. Même revue, 1858, n° 8 ;

9° Etat actuel des bains de Niederbronn. Même Revue, 1859, n° 5 ;

10° La cure de raisins et la médecine thermale. Même revue, 1860, n° 9 ;

11° Du phénomène de l'endosmose considérée dans ses rapports avec la physiologie et la médecine thermale. Même revue, 1861, n° 11 ;

12° De la spécialisation des eaux minérales et d'une échelle de curabilité pour les différentes eaux, *Gazette médicale de Paris*, 1863 ;

13° Sur les variations des sources minérales et particulièrement de celle de Niederbronn, *Gazette médicale de Strasbourg*, 1850 ;

14° Statistique des maladies et des résultats thérapeutiques observés à Niederbronn en 1852. *Gazette médicale de Strasbourg*, 1853 ;

MÉDECINE PROPREMENT DITE. — 15° Mémoire sur le colchique d'automne considéré comme agent thérapeutique. *Revue médicale de Paris*, 1830 ;

16° Rapport sur l'épidémie de choléra qui a régné à Reichshoffen et dans les environs en 1855. *Gazette médicale de Strasbourg*, 1857 ;

17° Sur l'origine, la nature et les effets du venin des saucisses. *Bulletin de Férussac*, Novembre 1829 ;

18° Recherches sur les acéphalocystes et sur la manière dont ces productions parasites peuvent donner lieu à des tubercules. *Bulletin de l'Académie de médecine et Gazette médicale de Paris*, 1832. (Les recherches de l'auteur sont citées dans tous les ouvrages de pathologie interne, entre autres Valleix, à l'article tubercules) ;

19° Note sur un cas de cancer médullaire transmis par inoculation d'un animal à l'homme. *Gazette médicale de Paris*, 1861, nos 17, 25 et 26 ;

CHIRURGIE. — 20° Note sur les tumeurs dites hydatiques enkystées de Dupuytren. *Gazette médicale de Paris*, 1830, n° 37 ;

21° Cas de herniotomie chez une femme en couches et observations sur l'origine des Kystes herniaires. *Gazette médicale de Paris*, 1859, n° 51 ;

22° Note sur un nouveau mode de traitement des fractures comminutives de la jambe. *Gazette médicale de Paris*, 1858, n° 1 ;

23° Extraction d'une pièce de cinq francs engagée depuis trois jours dans l'œsophage, description d'un nouvel instrument. *Gazette médicale de Paris*, 1857, n° 7 ;

ACCOUCHEMENTS. — 24° De la version du fœtus par un seul pied et de la généralisation de cette méthode. *Gazette médicale de Paris*, 1859, nos 23 et 24 ;

ZOOLOGIE. — 25º Description d'un nouveau genre de douves (octostoma alosaé et scombri), (maquereau) et de deux espèces de strongles (strongylus minor et inflexus) trouvés sur le marsouin. Mémoires du Muséum d'histoire naturelle, 1829 ;

26º Description d'un nouvel épizoaire du genre des polystoma qui se trouve sur les branchies de la petite roussette, suivies de quelques observations sur le *Distona megastomum* et le *Cysticercus leporis variabilis de Bremser*. Extrait du journal des sciences d'observation, juin 1829.

Ces deux derniers mémoires sont cités dans l'histoire naturelle des vers intestinaux de Dujardin, Paris, 1845.

FIN

Elbeuf. — Imp. CREPEL, rue Saint-Jean, 21

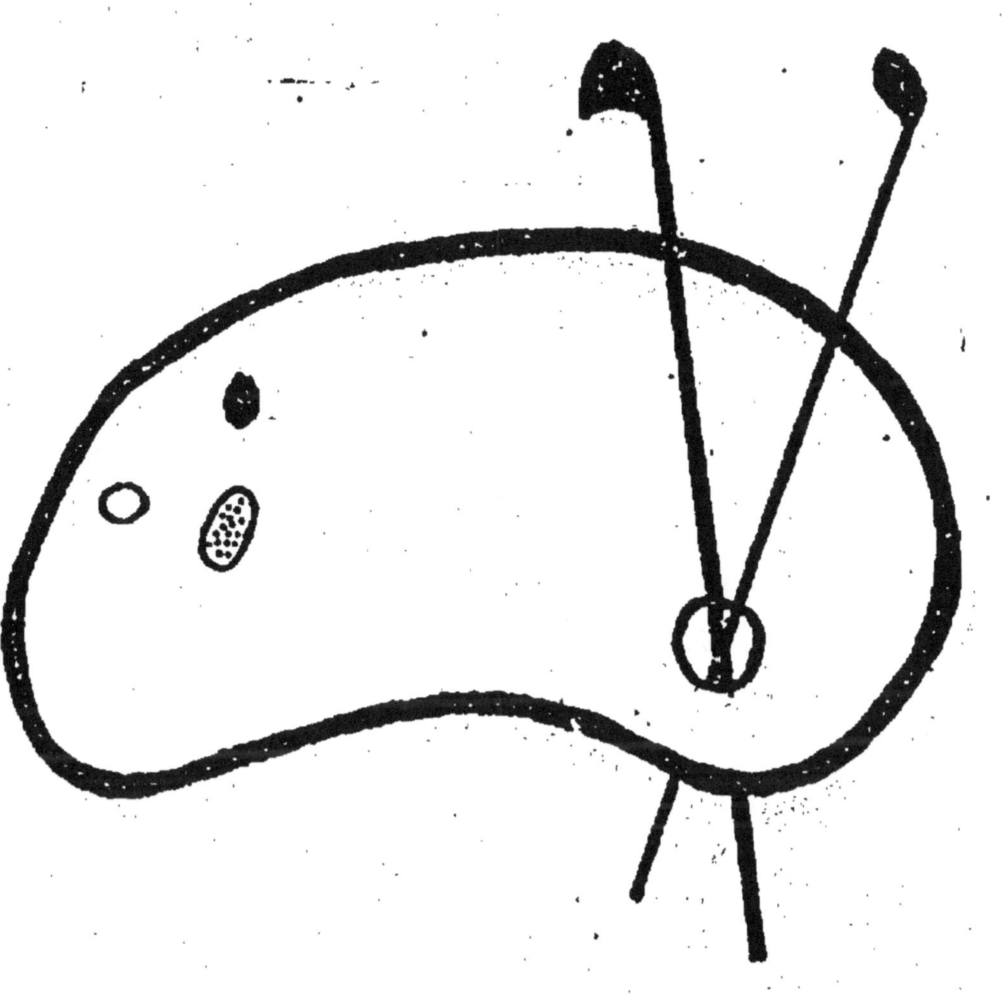

ORIGINAL EN COULEUR

NF Z 43-120-8